JAYRÔME C. ROBINET

MEIN WEG VON EINER WEISSEN FRAU ZU EINEM JUNGEN MANN MIT MIGRATIONS-HINTERGRUND

Hanser Berlin

Das Ausrufungszeichen im Wort vereint das Binnen-I und den Unterstrich bzw. den Genderstern. Das kleine i wird auf den Kopf gestellt – dadurch soll abgebildet werden, dass körperlich und psychisch nicht nur die Pole »männlich« und »weiblich« existieren, sondern es ein ganzes Spektrum von Geschlechtern, Geschlechtsidentitäten und Körperlichkeiten gibt. Diese Schreibweise ist inspiriert von der Sprachwissenschaftlerin Luise F. Pusch, die sich wiederum von der Sängerin P!nk hat inspirieren lassen, deren Inspiration uns derzeit unbekannt ist.

Das Kapitel »Geschenkt« und der Spoken-Word-Text auf Seite 208*209 sind in leicht abgewandelter Form bereits im Prosa- und Lyrikband *Das Licht ist weder gerecht noch ungerecht* erschienen (w_orten & meer, 2015).

1. Auflage 2019

ISBN 978-3-446-26207-2

Umschlag: Anzinger und Rasp, München | Motiv: © Ali Ghandtschi
Satz im Verlag | Druck und Bindung: CPI books GmbH, Leck
Printed in Germany

FSC www.fsc.org
MIX
Papier aus verantwortungsvollen Quellen
FSC® C083411

… für die Männer, die keine Lust haben, Beschützer zu sein, die es gern wären, aber nicht wissen wie, die sich nicht prügeln können, die gern heulen, die nicht ehrgeizig sind, nicht konkurrenzfähig, nicht aggressiv sind, die schlecht gebaut, ängstlich, schüchtern, verletzlich sind, die sich lieber um den Haushalt kümmern würden, als arbeiten zu gehen, die zart oder kahl sind, zu arm, um zu gefallen, die Lust haben, sich in den Arsch ficken zu lassen, die nicht wollen, dass man sich auf sie verlässt, die Angst haben, wenn sie abends allein sind.

VIRGINIE DESPENTES, *King Kong Theorie*

Ab wann beginnt das Erwachsenwerden? Nimmt das einen Anfang? Zu einem bestimmten Zeitpunkt? Wann war das, was wir erlebten, nicht mehr Kindheit? Woran machte sich das fest? Und wer konnte das bestimmen?

CAROLIN EMCKE, *Wie wir begehren*

INHALT

KOPFSPRUNG

Heute also zum ersten Mal in die Männerumkleide. Ich atme tief durch. Was erwartet mich dort? Faust ins Gesicht, Kieferbruch? Bestimmt nicht. Oder doch? Werde ich auffliegen? Seit zwanzig Minuten will ich sie betreten und schaffe es nicht. Vor mir sind zwei halbkreisförmige Treppen, die aus dem Barbereich nach rechts beziehungsweise links oben führen – wie im Vestibül von Kaiserin Sissi. Auf den Bodenfliesen kleben Wegweiser in Form von farbigen Flip-Flops: rosa in Richtung Frauenumkleide, blau für die Männer. Ich komme mir vor wie ein Paar Kirschen, das jemandem am Ohr hängt, süß, aber deplatziert. Und plötzlich bin ich wieder sechzehn – wie damals, als ich im Freibad vom 10-Meter-Turm springen wollte.

Es war der Sommer 1994. Damals lebte ich in Nordfrankreich, an der Grenze zu Belgien – im Land der Sch'tis, der Region mit dem komischen Dialekt, in der mehr Bier als Wein getrunken wird. Ich stand im Bikini in der Schlange vor einem haushohen Sprungturm. Warum ich da überhaupt runterspringen wollte? Wusste ich damals schon, dass ich eigentlich ein Junge bin und Jungen solche Sachen nun einmal machen? Nein, vermutlich wollte ich nur das Herzrasen spüren, die Schwerelosigkeit im Flug.

Mein Bikini-Slip kniff am Po, mein Pferdeschwanz war ganz brav, keine losen Haarsträhnen, alles schön glatt gezogen, und die roten Trägerschnüre im Nacken lagen bewegungslos auf meiner Haut. Es war windstill, alle Flaggen hingen schlaff herab. Der Junge hinter mir gab seinem Kumpel einen Klaps auf den Hinterkopf, beide kicherten. Ich war dran.

Ich stieg die steile Leiter hoch. Immer wenn ich einen Fuß auf die nächste Sprosse stellte, spürte ich Dutzende Augenpaare zwischen meinen Oberschenkeln. Es war, als hätte ich nichts an, mitten am helllichten Tag, ein fremdes Gefühl, unheimlich und zugleich sinnlich, wie nackt im See schwimmen. Die Welt unter mir wurde immer kleiner, über mir ragte der Sprungturm auf und warf seinen finsteren Schatten auf das Türkis unter ihm. Hatte ich ernsthaft gedacht, ich würde die Rampe wie eine Ballerina entlanghüpfen und nach zwei Salti grazil ins Wasser tauchen? Die Plattform war nass, ich würde abrutschen und auf den Beckenrand prallen. Und selbst wenn ich das Becken treffen würde – aus zehn Metern Höhe ist Wasser hart wie Beton! Schweiß brannte mir in den Augen, auf den Lippen ein salziger Geschmack, gemischt mit Chlor. Unten das Johlen der Jugendlichen. Immer mehr Leute drängelten sich am Sprungturm und sahen hoch zu mir. Ich klammerte mich fest, niemals würde ich dort oben ankommen, aber hinunter ging es nun auch nicht mehr. Ich würde einfach mein Leben hier verbringen, wie ein Säulenheiliger, von der Sonne gewärmt. Jemand schlug unten gegen die Leiter, der Stahl begann zu zittern, ich dachte, ich sterbe gleich.

Zum Schluss bin ich die Leiter in Zeitlupe wieder hinuntergestiegen. Mit jeder Sprosse, die ich mich ungelenk hinabtastete, schoss die Scham in mir hoch. Die anderen schrien und lachten. Wieder auf festem Boden, verzog mir das Gefühl von Versagen das Gesicht wie mein Pferdeschwanz, der so straff war, dass er die Haut mit nach hinten zog.

Und jetzt, gut zwanzig Jahre später, führt wieder eine Treppe vor mir in die Höhe. Doch ich bin nicht mehr sechzehn. Nun bin ich erwachsen. Und diesmal werde ich es schaffen.

Trotzdem setze ich mich erst mal in die Lounge-Ecke bei der Bar. Ich sinke tief in die Sofakissen und fühle mich unsichtbar. Neben mir thront eine künstliche Palme. Ich beneide die Selbstverständlichkeit, mit der ein Bodybuilder auf dem Barhocker sitzt und an seinem Erdbeer-Shake nippt. Ich würde mich gerne neben ihn setzen, wie im Film, wenn ein Typ Liebeskummer hat und Whisky runterkippt, und dann tritt jemand heran, viel zu nah, und verändert alles.

Ich zücke mein Smartphone – ob Kris sich gemeldet hat? Ich bin ausnahmsweise zu früh. Normalerweise komme ich notorisch zu spät, wahrscheinlich, damit ich nicht warten muss. Wenn ich warte, habe ich Angst, dass meine Verabredung mich sitzenlässt. Ich kaue an den Fingernägeln, das heißt, eigentlich tue ich nur so, das Überbleibsel einer Angewohnheit, die ich als Teenie hatte. Es brummt und dröhnt. Am Tresen steht statt Zapfanlage ein riesiger Entsafter, der so groß ist, dass der Barmann ganze Äpfel in den Schacht einfüllen kann. Die Elektro-Gans wird gestopft.

Seit Wochen schiebe ich diesen Augenblick auf. Es gibt ja immer einen guten Grund, keinen Sport zu treiben – zu müde, zu viel zu tun, die Katze schnurrt auf meinem Schoß, ich kann mich nicht bewegen.

Die Wahrheit ist: Der Gedanke, zum ersten Mal die Männerumkleide zu betreten, schnürt mir die Kehle zu. Werden die Typen dort merken, dass ich einen Packer, also einen Kunstpenis, in der Hose trage? Und das Kompressionsshirt, das meine Brust flach macht – wird es auffallen? Und wenn ja, was passiert dann? Wie werden sie reagieren? Sofort ist die Scham wieder da, ich erröte. Auch vor den Blicken habe ich Angst. Wie schauen sich Männer in der Umkleide an? Seit ich als Mann durchgehe, merke ich, wie sehr Blicke kodifiziert sind: Wie viele Sekunden darf ein Blickkontakt dauern, um was zu bedeuten? Welchen Grad an Härte, Herzlichkeit oder Sympathie sollte er ausdrücken, um Männlichkeit und Heterosexualität zu signalisieren? Ist der Blick zu lang, gilt man schnell als schwul oder als jemand, der Streit sucht. Ist er zu kurz, gilt man als Feigling.

Als ich als Frau lebte, lernte ich unbewusst, mit Männern zu flirten. Damals schien es das Natürlichste der Welt: sich lässig durch die langen Haare fahren, schöne Augen machen und häufig nach unten schauen, die perfekte Mischung aus Freude und Verlegenheit. In Frankreich wird ohnehin mehr geflirtet. Es ist eine Art Höflichkeitsform, es gehört zum netten sozialen Umgang, es ist quasi Pflicht. In Deutschland bringt man zum eigenen Geburtstag einen Kuchen mit ins Büro oder stellt den Kolleg!nnen zu Ostern ein Körbchen mit verzierten Eiern neben den PC. Franzosen flirten lieber. Nun jedoch ist jeder Blickkontakt mit einem Mann, als würde ich bei Rot über die Ampel gehen.

Der Binder drückt auf meinen Brustkorb, ich kriege kaum Luft, wie soll ich so überhaupt Sport treiben? Gleichzeitig fühle ich mich, als würde ich platzen vor Kraft. Alle zwei Wochen spritze ich mir Testosteron direkt in die Muskulatur. Vor Kurzem konnte ich nachts nicht schlafen, in meinem Blut war Silvesterparty, Sex oder Sport, habe ich gedacht, Sex oder Sport. Da ich Single bin, entschied ich mich für Sport und joggte um drei Uhr morgens auf dem Columbiadamm. Bewegungsdrang ist natürlich nicht die einzige Motivation im Gym zu trainieren. Ich will meinen Körper formen. Ich will sehen, wie meine Muskeln härter werden. Ich will ich selbst werden. Außerdem habe ich morgen ein Date – mein erstes, seit ich als Mann wahrgenommen werde. Also muss ich dort rein.

»Da bist du ja!« Ich bin so erleichtert, Kris vor mir zu sehen, dass ich ihr die Verspätung sofort verzeihe. Sie hat ihre Sporttasche über die Schulter geworfen und trägt auch bei dreißig Grad eine pomadisierte Elvis-Tolle, ein kariertes Hemd, Cowboystiefel und ihre alte Perfecto. »Femmes halten Pumps aus, Butches tragen auch im Sommer Lederjacke«, sagt sie. Kris und ich kennen uns aus der queeren Szene. Als ich sie zum ersten Mal auf der Bühne sah, trug sie ein Gedicht in Tweet-Länge vor: *The saddest story of the world in four words: No one really cares*. Doch eigentlich ist Kris nicht verzweifelt, sondern witzig.

Ich springe von der Couch auf. Ach, könnten wir doch zusammen in die Frauenumkleide gehen, wie in alten Zeiten. Früher waren wir oft gemeinsam hier, doch als mein Bart anfing zu wachsen und meine Stimme tiefer wurde, habe ich eine Trainingspause eingelegt, die seit sechs Monaten andauert.

»Alles wird gut«, sagt Kris.

Dieser Satz ist erstaunlich. Obwohl wir genau wissen, dass es nicht stimmt, funktioniert er. Ich atme tief in den Bauch hinein, um mich zu entspannen.

»Schöner Militärhaarschnitt.« Kris fährt mit der Hand über meinen kurz geschorenen Hinterkopf.

Ich grinse. Wenn die Jungs in der Umkleide wüssten, dass ich zu der Zeit, als es in Frankreich noch die Wehrpflicht gab, die Musterung nicht bestanden hätte.

»Los!«, sagt sie. »Wir sehen uns im Geräteraum!«

Im Vestibül von Kaiserin Sissi trennen sich unsere Wege. Kris, die männlicher wirkt als ich, folgt den rosa Flip-Flops. Und ich den blauen.

Ich steige die Stufen hoch.

Und dann springe ich.

Um Testosteron nehmen zu dürfen, musste ich zunächst eine Psychotherapie machen. Das verlangt der Medizinische Dienst der Krankenversicherung, kurz MDK. Die Psychotherapie muss mindestens achtzehn Monate dauern. Dabei muss ein sogenannter Alltagstest absolviert werden. Es geht darum, in allen Bereichen des Lebens in dem »gewünschten« Geschlecht zu leben, um die »neue« Geschlechterrolle zu erproben. Erst dann kann ein Gutachten erstellt werden, das die Diagnose »Transsexualismus« bestätigt und grünes Licht für die Hormontherapie gibt. Dieser Psychotherapie-Zwang ist ein Problem. Ich kenne trans* Leute, die sich eine solche Begleitung wünschen, aber viele brauchen das nicht. Sie sehen sich als Expert!nnen in eigener Sache. Ob ein Juwelier zum Psychiater geht, um das Karat seiner Diamanten einschätzen zu lassen?

Falls man neben der Hormontherapie auch Operationen möchte, wird man erneut zum MDK bestellt, der ein weiteres psychiatrisches Gutachtenverfahren initiiert. Gleichzeitig wird die Vornamens- und Personenstandsänderung beim Amtsgericht beantragt. Das Gericht verlangt wiederum zwei Gutachten von sogenannten Sachverständigen. Nicht selten erfolgt eine grenzüberschreitende Befragung: »Haben Sie Sex mit Männern oder mit Frauen?«, »Lassen Sie sich dabei an den Geschlechtsteilen berühren?«, »Liegen Sie bevorzugt oben oder unten?« Bis hin zu: »Machen Sie mal Ihren Oberkörper frei!« Im Grunde ist das ganze Verfahren eine Art Rekrutenmusterung, bei der die Person Selbsthass und ihre Tauglichkeit für die Zweigeschlechterordnung beweisen muss. Allerdings: So wie es bei mir ablief, hätte genauso gut ein Juwelier das Gutachten schreiben können.

Auch an jenem Tag war ich ausnahmsweise zu früh. Die Sprechstundenhilfe hatte mir am Telefon mitgeteilt, ich müsse meinen trans*-Lebenslauf mitbringen.

»Meinen was?«

»Die Eckpunkte Ihrer Biographie, die Sie veranlassen zu denken, Sie seien transgender.« Die Sprechstundenhilfe sprach das Wort »transgender« nicht wie im Englischen aus, sondern mit g wie »Gustav«.

Ich fühlte mich wie vor einem Bewerbungsgespräch. Im Wartezimmer übte ich Coolness, saß mit gespreizten Beinen da, den Arm auf der Rückenlehne des Nachbarstuhles. Bewerbungsgespräche sind nicht meine Stärke. Den Termin hatte ich mit einem Freund, Timo, am Tag zuvor geprobt. Zum Glück wusste ich ungefähr, welche trans*-Biographie von mir erwartet wurde. Inzwischen hatte ich genug dieser »Lebensläufe« in der trans*-Community gesehen: *Ich kam im Jahr X als Mädchen auf die Welt. Dass ich im falschen Körper geboren wurde, bemerkte ich sehr früh. Bereits im Alter von drei Jahren habe ich mich wie ein Junge gefühlt. Als Kind wollte ich nicht mit Puppen spielen, sondern lieber Fußball. Als meine Brüste anfingen zu wachsen, brach meine Welt zusammen. Und so weiter.*

Bei mir stimmte das allerdings nicht so ganz. Als Kind spielte ich gern mit Puppen. Ich wollte lieber lesen statt Fußball spielen. In der Pubertät war ich auch kein Tomboy, eigentlich war ich sogar ziemlich feminin. Baggy Pants, weite T-Shirts und Baseball-Caps habe ich an dem Tag beiseitegelegt, als mein Vater mir sein Büro zeigte. Lange wusste ich nicht, was mein Papa beruflich machte. Ich wusste, dass er für ein Familienunternehmen arbeitete, das Lampen verkaufte. Ich wusste, dass mein Vater jeden Tag mit Anzug und Krawatte zur Arbeit ging, um zwölf Uhr meine drei Geschwister und mich von der Schule abholte, nach dem Mittagessen vor dem Fernseher einnickte, um dann völlig hektisch loszufahren, weil er um 13:30 Uhr wieder im Büro sein musste. Ich glaube, er kam jeden Tag zu spät. Kein Wunder, dass Pünktlichkeit für mich heute bedeutet, mich zum verabredeten Zeitpunkt auf den Weg zu machen.

Ich kann mich nicht mehr erinnern, wie das Büro meines Vaters aussah. Ich erinnere mich, dass ich gehofft hatte, der Chef wäre nicht da. Ich kannte ihn, weil ich ab und zu abends als Babysitter bei ihm arbeitete und er mich danach zurück nach Hause fuhr, meistens angetrunken. Einmal hat er versucht, mich auf den Mund zu küssen, als er vor unserem Haus hielt. Er sagte mir, ich solle ihm vertrauen und die Augen schließen. Seine Lippen berührten meine, er roch nach Whisky und nach der dicken Zigarre, die er immer am Steuer paffte. Unser Haus stand zwischen der Schnellstraße D75 und der Autobahn E19. Die vorbeirasenden Autos klangen wie das Rauschen des Meeres.

Als Papa mich ins Büro mitnahm, war der Chef nicht da. Da war nur ein Kollege, auch mit Anzug und Krawatte, der nach einem kurzen Gespräch fragte: »Willst du mir deinen Sohn nicht vorstellen?« Mein Vater senkte den Blick und antwortete, ich sei nicht sein Sohn, sondern seine Tochter. Ich merkte, dass er sich schämte. Auch dem Kollegen war es peinlich, er lachte kurz und entschuldigte sich. Im Stillen freute ich mich, dass ich für einen Jungen gehalten wurde. Aber ich spürte, dass ich mich eigentlich nicht freuen durfte. Es tat mir weh, dass mein Papa sich wegen mir schämen musste. Von da an lernte ich, enge Tops und Röcke und Nylonstrümpfe zu tragen.

Doch es gab noch einen weiteren Grund für Make-up und High Heels: Ich stehe auf Männer. »Sie stehen auf Männer?« Als ich im Wartezimmer saß, stellte ich mir vor, dass ich das gefragt würde. »Warum bleiben Sie denn nicht eine Frau?«

Nun ja, in welchem Geschlecht ich mich durch die Welt bewegen will, hat nichts damit zu tun, zu welchem Geschlecht ich mich hingezogen fühle. Genauso gut könnte man fragen:

»Fährst du lieber mit dem Zug oder nach Barcelona?« Antwort: »Egal, Hauptsache Italien!«

Dann wurde ich aufgerufen. Hinter dem Schreibtisch der Psychiaterin hing ein riesiger Stadtplan von Berlin an der Wand. Auf ihrem Schreibtisch stapelten sich Ordner, daneben stand ein Telefon aus den 1980er Jahren, der Hörer wie eine Kurzhantel. Ich musste an Derrick denken, der ungefähr zur gleichen Zeit im französischen Fernsehen lief. Die Ärztin trug eine ähnliche Brille wie er. Ob sie gleich eine Schreibmaschine hervorzaubern würde, klack klack, um meine Aussage aufzunehmen? Nein. Sie blätterte in meinem trans*-Lebenslauf und stellte hier und da Fragen.

»Sie haben in der Pubertät Drogen genommen?« Es klang wie eine Feststellung. Ihr Blick blieb auf das Papier gerichtet.

»Ja.« Mit siebzehn habe ich alles Mögliche probiert. LSD, Ecstasy, Kokain, Speed und natürlich Gras. Ich wollte aufhören, nachzudenken. Es fehlte mir an Leichtigkeit. Außerdem war ich schüchtern und wusste nicht, wie ich mit anderen in Kontakt kommen sollte. Dabei glaubten mir das viele gar nicht – den meisten galt ich als fröhlich und klug und stark. Die Drogen sollten meine heimliche Verklemmtheit heilen. Doch leider machten sie es nur noch schlimmer. Im Rausch wurde mein Hirn zu einem Schaf, das sich selbst schert und dann mit der eigenen Wolle einen löchrigen Pulli strickt. Als ich 1994 zum Studium nach Belgien zog, habe ich mich von meiner Clique distanziert und mit dem Stricken aufgehört.

»Und seitdem nehme ich gar keine Drogen mehr, ich trinke auch keinen Alkohol, nur ab und zu ein Bier auf Partys, und rauche weder Tabak noch Marihuana«, sagte ich.

Derrick kritzelte etwas in meinen Lebenslauf. »Ich sehe, dass Sie mit siebzehn einen Suizidversuch hatten?«

Korrekt. Eigentlich zwei. Mit siebzehn tat mir das Menschsein weh. Eines Abends schrieb ich unter Tränen einen Abschiedsbrief und schluckte zwei Packungen Tabletten. Da man in meiner Familie jedoch nur selten zum Arzt ging – mein Vater sagte immer: »Wenn du Grippe hast und zum Arzt gehst, dauert's eine Woche. Wenn du nicht zum Arzt gehst, dauert's sieben Tage.« –, hatte ich keine Ahnung von Medikamenten. Meine Schlaftabletten waren Baldrian, und am nächsten Morgen erstand ich auf, frisch und erstaunt. Eine Woche später spritzte ich Luft in eine Ader am Ellbogen. Ich hatte gehört, dass das tödlich ist, weil die Bläschen in Richtung Herz und Lunge wandern und den Kreislauf sofort stoppen. Ich persönlich bekam nur blaue Flecken. Ich wusste nicht, wie ich leben sollte. Aber sterben konnte ich anscheinend auch nicht.

Die Psychiaterin drückte das Kinn auf die Brust, um mich über ihre Brille hinweg zu mustern. »Sind Sie in einer Partnerschaft?«

Diese Frage war wichtig, das wusste ich. Es gab eine Zeit, in der eine Geschlechtsangleichung vor allem dann bewilligt wurde, wenn die Person dadurch heterosexuell wurde. Was sollte ich sagen? Durfte ich antworten, dass ich bis vor Kurzem eine Beziehung mit einem Mann gehabt hatte, die immerhin zwei Jahre hielt? Eine Testosterontherapie würde mich – und ihn auch! – offiziell schwul machen. Sven und ich hatten uns getrennt, weil wir im Alltag nicht kompatibel waren. Seitdem war ich Single.

»Stehen Sie auch auf Frauen?« Diesmal sah mir die Psychiaterin direkt in die Augen. In ihrem Blick flimmerte Spiellust, als würde sie einen Trixie-Federstab vor einer Katze hin- und herwedeln.

»Ja, ich fühle mich zu Frauen hingezogen, aber nicht als Lesbe, und ich fühle mich auch zu Männern hingezogen, aber nicht als heterosexuelle Frau.« Tatsächlich hatte ich mit neunzehn mein lesbisches Coming-out gehabt. Es war schön gewesen, und doch hatte ich den Eindruck gehabt, dass ich dabei lügen würde. Kurz danach verliebte ich mich in einen Kommilitonen. Ich war verwirrt. Hieß das, dass ich bisexuell war? Ich wusste nicht, dass es mehr als zwei Geschlechter gibt und dass mein Thema nicht meine sexuelle Orientierung, sondern meine geschlechtliche Identität war.

Es war still im Zimmer, während Derrick weiter in meinen Unterlagen las. Timo hatte mir den Rat gegeben, Flyer beizulegen, auf denen ich für Spoken-Word-Events als Jayrôme angekündigt wurde oder als Drag King zu sehen war – als Beleg dafür, dass ich bereits seit einer Weile mein Leben in männlicher Identität erprobte.

Der Psychiaterin meine Geschichte zu erzählen war wie Autofahren bei Glatteis. Größte Vorsicht war geboten. Laut der Internationalen Klassifikation der Krankheiten ICD-10 geht »Transsexualismus« – »der Wunsch, als Angehöriger des anderen Geschlechts zu leben« – mit persönlichem Leiden und gestörter sozialer Funktionsfähigkeit einher. Sehr gern hätte ich davon berichtet, wie glücklich ich gerade war. Ich war nicht mehr jung, ich war nicht mehr hilflos. Als ich klein war und meine Filzstifte verschlissen waren, malte ich tapfer weiter und drückte einfach stärker auf. Es wäre mir nicht in den Sinn gekommen, nach neuen Stiften zu fragen, nicht nur, weil meine Eltern wenig Geld hatten. Doch mittlerweile hatte ich gelernt, zu fragen, für mich und für andere zu sorgen. Würde man mir die Hormontherapie wegen fehlendem Leidensdruck verweigern? Ich blickte zu Boden und versuchte, möglichst unglücklich auszusehen, während ich innerlich schon zu einer Entgegnung ansetzte.

Frau Doktor, Geschlecht ist keine Diagnose. Keine standardisierte Praxis. Keine medizinische Notwendigkeit. Kein gängiges Problem. Keine bahnbrechende Uneindeutigkeit.

Verstehen Sie?

Frau Doktor, ja, ich bin glücklich, die Menschen, die mir nahestehen, unterstützen mich, meine Katze auch, mein Arzt hat sich Zeit genommen, um mir die Wirkung von Testosteron gründlich zu erklären. Ich habe es mir lange überlegt, und nun bin ich mir sicher.

In mir wurde es still. Die Psychiaterin schloss meine Mappe. Sie musterte mich mit einem wohlwollenden und müden Blick. »Gut. Meine Assistentin wird Ihnen das Attest für die Hormontherapie drucken.«

»Echt?!«, quiekte ich. Scheiße. Klang nicht wie ein Prinz. Würde Derrick seine Meinung revidieren? Doch er lächelte.

»Alles Gute weiterhin, Herr Robinet.«

Was mir in der Männerumkleide zuerst auffällt, sind die Haargel-Spender. An der Stelle, wo bei den Frauen die Föhne hängen, gibt es hier Gratis-Haargel. Doch eigentlich bleibt mein Blick nur daran hängen, um den ganzen Rest auszublenden. Ich wünschte, meine Augen würden beschlagen wie Brillengläser im Winter beim Betreten einer Kneipe. Wo auch immer ich hingucke, sehe ich Pobacken, Geschlechtsteile, angespannte Muskeln, behaarte Brüste. Schweißgeruch hängt in der Luft. Mir wird schummrig. Zwischen all den nackten Männern steht eine Frau. Sie ist sportlich gekleidet und schiebt einen Reinigungswagen.

Ich schaue zu der Frau und suche ihren Blick. Eimer, Putzmittel, Besen. Mit einem Klick löst sie den Wischmopp vom Halter. Heißer Dampf kriecht aus ihrem Eimer herauf. Ich finde einen Platz auf der Holzbank. Hier ist definitiv mehr Platz als bei den Frauen, aber dafür gibt es dort eine extra Sauna. Dass Männer keine »eigene« Sauna haben, sondern die gemischte Sauna nutzen müssen, hat damit zu tun, dass das Fitness-Studio schwulem Cruising vorbeugen möchte, erklärt mir später ein Mitarbeiter. Bei Frauen wird nicht davon ausgegangen, dass sie einen geschlossenen Raum, in dem sie gemeinsam mit anderen Frauen nackt sitzen und schwitzen, sofort für schnellen Sex umnutzen. Eine solche promiske weibliche Sexualität ist undenkbar. Hinzu kommt, dass Frauen den öffentlichen Raum ohnehin seltener für sich beanspruchen als Männer – da wird auch beim Thema Sex von nichts anderem ausgegangen.

Die Frau wischt den Boden zwischen Sneakers und Sporttaschen. Ich kenne sie. Ich habe sie damals drüben gesehen. In die Frauenumkleide dürfen keine Männer: Gym-Mitgliederinnen und Ein-Tag-Gästinnen, Mitarbeiterinnen, Kursleiterinnen und Springerinnen und auch die Menschen, die putzen … ausschließlich Frauen.

Ich verstaue meinen Rucksack im Schrank. Sportklamotten habe ich schon an. Über der Bank hängen Handtücher, die scharf nach Schweiß und Duschgel riechen. Warum darf nicht einmal eine männliche Reinigungskraft die Frauenumkleide betreten, obwohl eine Frau bei den Männern putzt?

Der Schrank und ich starren uns an. Auf der gegenüberliegenden Bank beugen sich zwei Typen über ein Smartphone und kichern. Frauen werden gebeten, ihre Kontakte sowie die Orte, an denen sie sich in Gegenwart von Männern aufhalten, mit Vorsicht auszuwählen. An den Orten, wo sie wenig oder gar keine Kleidung tragen, muss ein Schutzraum für sie geschaffen werden. Ein Putzmann würde für Frauen, die sich gerade umziehen – und sei es ein einziger Mann in einer 20-köpfigen Frauengruppe –, eine Gefahr darstellen. Ein Wolf im Schafstall. Und selbst wenn er nichts unternimmt, was ist mit seinen lüsternen Blicken? Dem Kopfkino?

Aber warum wird dann die Frau, die hier gerade putzt, ganz

allein in die Höhle des Löwen geschickt? Ist sie keine Frau, die Schutz benötigt?

»Wegen ihrer sozialen Herkunft«, interveniert meine innere Kris.

Eine Putzfrau. Keine Frau, die putzt. Eine Putze. Damit hat sie in diesem Moment vor allem einen sozialen und keinen geschlechtlichen Status.

Wolf im Schafstall. Höhle des Löwen. Männer fühlen sich in ihrer Intimsphäre von Frauen auch deshalb nicht gefährdet, weil Frauen eben keine lüsternen Blicke werfen. Angeblich. Frauen sind überhaupt nicht lüstern. Frauen erobern nicht. Sie haben keine Libido, kein Kopfkino, keinen Trieb.

Die Frau drückt den Mopp aus, Wasser tröpfelt in den Eimer. Ich möchte ihr zulächeln. Ihr zeigen, dass ich sie als Menschen wahrnehme. Aber vielleicht würde sie sich durch meine Aufmerksamkeit als Sexualobjekt markiert fühlen?

Vor mir: Überall Handtücher, acht, neun, elf Stück, hängend, liegend, zusammengeknüllt auf den Bänken. Direkt darüber ein Schild: *Liebe Mitglieder & Gäste! Wir bitten Sie, den Rückgabe-Einwurf im Eingangsbereich zu nutzen und die Handtücher nicht in den Umkleiden liegen zu lassen. Vielen Dank für Ihre Unterstützung.*

Ich schaue vorsichtig zur Frau, die putzt. Der Duft von Citrus-Reiniger mischt sich mit dem Schweißgeruch. Ich spüre eine Nähe zwischen ihr und mir, die mich überrascht und irgendwie seltsam wirkt. Sie hebt die Handtücher auf und wirft sie in einen großen Abfallsack. Sie rollt ihren Reinigungswagen weiter. Weg ist sie. Zurück bleibt die Sauberkeit in der Umkleide.

»Haste gesehen?«

Ich zucke zusammen. Einer der beiden Typen, die sich vorhin etwas auf ihren Smartphones zeigten, hält eine riesige Trainingshose vor mir hoch. Neben ihm steht sein Kumpel, breitbeinig, ohne T-Shirt, Fäuste in die Hüften gestemmt. Ob Schlägertypen mit freiem Oberkörper rumlaufen? Der Boden ist nass, wenn ich weglaufen muss, rutsche ich bestimmt aus.

»Schau mal!«, fährt der Typ fort.

Am liebsten möchte ich mich auf Zehenspitzen davonschleichen, nicht so sehr, weil ich nicht ausrutschen will, sondern um die Arbeit der Frau nicht zu zerstören. Meine Erfahrung aus der Frauenumkleide ist, dass sich dort eigentlich nur Freundinnen miteinander unterhalten, also Menschen, die sich kennen.

Eine XXL-Adidas-Hose … und?

»Das ist nicht meine«, sage ich.

»Ist seine.« Der Breitbeinige deutet mit einer leichten Kopfbewegung auf seinen Kumpel.

»*War* meine«, korrigiert dieser. Und dann wieder in meine Richtung: »Kannst dir das vorstellen? Ich war mal 40 Kilos schwerer! Hab alles wegtrainiert! In … wie lange?«

Er dreht sich hilfesuchend zu seinem persönlichen Orakel.

»6 Monaten«, hilft ihm sein Freund auf die Sprünge.

Als Beweis des Gewichtsverlusts wird mir ein Smartphone entgegengestreckt: Auf dem Bild trägt der Kleine die XXL-Hose.

»Das bin ich! So hab ich mal ausgesehen! Krass, oder?« Seine Augen funkeln.

Soll ich auch mein Handy zücken? Den beiden ein Foto von mir mit Glitzer-Kleid und langen Haaren zeigen? »Das bin ich! So hab ich früher ausgesehen! Krass, oder?«

Natürlich nicht. Sicher sind trans* Menschen selten, Umkleiden sind nicht unser einziges Problem. Am Arbeitsplatz, in der Ausbildung, auf dem Wohnungsmarkt, beim Dating, auf der Straße, in der Familie – im öffentlichen wie privaten Raum sind trans* Personen häufig Opfer von Mobbing, Diskriminierung und Gewalt, ja sogar Mord.

»Krass!«, sage ich.

Ich frage mich, ob ich zum Gewichtsverlust gratulieren soll. Aber die beiden haben sich bereits in Richtung Duschbereich verzogen. Erst jetzt merke ich, dass der Kleine irgendwie größere Brüste hat als ich.

Tap-tap-tap, Sneakerssohlen trommeln auf Gummimatten. Laufbänder summen. Der Binder schnürt mir die Brust zusammen, das Atmen fällt schwer, als würde ich mit Zigarette im Mund joggen. Neben mir nuckelt jemand an seiner Trinkflasche. Vor mir ein riesiges Panoramafenster, dahinter breitet sich der Park aus. Dünn und grün hebt sich das Blattwerk der Buchen vom Blau des Himmels ab.

»Na, alles überstanden?«

Ich brauche immer ein paar Sekunden, um Kris ohne Lederjacke und in Sportklamotten einzuordnen – wie bei jemandem, den man nur in Uniform kennt und plötzlich in Zivil trifft. Ich drücke auf Stopp, und mein Laufband summt sich langsam zum Stillstand.

»Die haben Haargel-Spender!« Mit dem Handtuch wische ich mir den Schweiß vom Hals.

Kris grinst unter ihrer Elvis-Tolle. »Hätt' ich auch gern bei den Frauen, wenn ich meins zu Hause vergesse.« Aber auch Haar-Politik ist gegendert. Manchmal stelle ich mir zwei komplett unbehaarte Aufziehpuppen vor. Wenn man am Rädchen dreht, wächst das Haar. Bei der einen Puppe muss es am besten lang sein. Halt! Nur an zwei Stellen: eine Haarpracht auf dem Kopf, bitte, und lange Wimpern. Den Rest gefälligst epilieren, rasieren oder bleichen! Bei der anderen Puppe ist es genau umgekehrt: kein Haar auf dem Kopf, sonst aber überall behaart.

»Woll'n wir?« Kris zeigt auf die Krafttrainingsfläche. Obwohl sie Sneakers trägt, läuft sie wie mit ihren Cowboystiefeln.

Vor der Spiegelwand sitzt ein Typ in der Hocke und bereitet sich darauf vor, eine Langhantel anzuheben. Rotes, verzerrtes Gesicht. Stöhnen und Grumpfen. Mir fällt auf, dass die Frauen im Fitness-Studio keinen Laut von sich geben, nicht mal beim Gewichtheben. Allerhöchstens mal ein geräuschvolles Ausatmen.

Klong, Gewichte knallen auf den Boden. Ich spüre die Blicke der Typen um mich herum. Man ignoriert sich nach Kräften, aber belauert einander aus dem Augenwinkel. Bizeps, Trizeps, Brustmuskel, Sixpack – im Spiegel kann man die Konkurrenten unauffällig mustern. Hier gibt es keinen direkten Wettkampf, keine Goldmedaille, kein jubelndes Publikum. Der eigentliche Wettbewerb, der Vergleich, beginnt *nach* dem Spiel, nachdem wir das Gym verlassen haben, im realen Leben.

WÜNSCH MIR WAS!

Ich ließ mir Blut abnehmen. Vor der ersten Testosteron-Spritze mussten eventuelle Erkrankungen ausgeschlossen oder entsprechend bei der Behandlung berücksichtigt werden. Die Werte meiner Leber, Niere, Schilddrüse und meine Sexualhormone wurden untersucht. Es kommt zwar selten vor, aber in bestimmten Fällen ist eine Hormontherapie nicht durchführbar, wie etwa bei einigen Lebererkrankungen oder zu vielen roten Blutkörperchen.

Nervös wartete ich auf die Ergebnisse. Aber immerhin: Mit Derricks Gutachten war der erste Schritt getan, und das wollte ich unbedingt mit den Menschen, die mir wichtig sind, feiern. Ich lud zu einem Brunch bei mir ein. Sven, mein Exfreund, der mir noch immer sehr nahesteht, half mir bei den Vorbereitungen. Mit einer leeren Plastikflasche, ein wenig braunem, selbsthärtendem Ton und grünem Kabeldraht bastelten wir einen kleinen Bonsaibaum. Meine Freund!nnen sollten ihre Gedanken, Sorgen oder Wünsche, die sie bezüglich meiner Transition hatten, an den Baum hängen und sich so von Céline verabschieden und Jayrôme willkommen heißen. Bereits als Kind machte ich das meiste mit mir selbst aus. Für viele in meinem Umfeld kam meine Entscheidung unerwartet. »Aber du bist so weiblich!« war die häufigste Reaktion.

Eben. Wäre ich eine schöne Butch wie Kris gewesen, hätte es mir vielleicht – wer weiß – gereicht, zwischendurch einfach mal als Mann durchzugehen. Aber ich war deutlich weiblich markiert. Nur als Drag King und mit viel Mühe – Haare kleinschneiden und als Bart ins Gesicht kleben, Brüste mit großen elastischen Fixierbinden abbinden, Socken in die Unterhose stopfen – ging ich einigermaßen als Mann durch. Aber ich wollte männliche Geschlechtsmerkmale, die ich nicht vor dem Schlafengehen ablegen musste.

Als die Klingel läutete, öffnete meine Katze Kiwi, die auf ihrem Kratzbaum Schlaf nachholte, halb die Augen. »Glückwunsch!« Timos Umarmung war fest. »Zeig mal das Attest!« Er klatschte in die Hände wie ein Kind. Ich kramte auf meinem Schreibtisch. »Dein Werk«, sagte ich und hielt ihm den Zettel hin.

Timo las vor: »*Herr Robinet* ... hehe, toll. *Herr Robinet befindet sich seit Mai 2013 in psychotherapeutischer Behandlung. Aufgrund eines ausführlichen Gesprächs konnte die Diagnose F64.0 Transsexualismus von Frau zu Mann bestätigt werden. Mit einer Hormonbehandlung kann begonnen werden.*«

»Transsexualismus« wird im Fachjargon mit F64.0 bezeichnet und ist derzeit unter Persönlichkeits- und Verhaltensstörungen gelistet, als eine Variante der »Störung der Geschlechtsidentität«. Das Ziel des Gutachtens ist also, dass man sich offiziell eine psychische Störung bescheinigen lässt. Natürlich ist das an sich nicht schlimm. Mir fallen Menschen ein, die psychisch krank und trotzdem coole Leute sind. Jesus zum Beispiel war depressiv, der heilige Paulus hysterisch, Abraham hatte eine schizoaffektive Störung, so haben es US-Ärzte im *Journal of Neuropsychiatry and Clinical Neurosciences* beschrieben. Das Fazit der Studie: Menschen mit Psychosen und affektiven Störungen haben die westliche Zivilisation maßgeblich geprägt. Das eigentliche Problem ist, dass die Krankheitszuschreibung trans* Personen das Leben maßgeblich erschwert.

Nehmen wir beispielsweise den Alltagstest. Bevor trans* Menschen medizinische Leistungen bewilligt bekommen, verlangt der MDK, dass man sein soziales Umfeld – Familie, Freund!nnen, Leute auf der Arbeit – informiert und »die angestrebte Geschlechterrolle« zwölf Monate im Alltag ausprobiert. Eine Frau etwa, die bis dato als Mann wahrgenommen wurde, muss also ein Jahr lang wie eine Frau gelebt und alles genau getan haben, wie eine Frau es tun würde – was auch immer das heißt. Wie soll das ohne körperliche Veränderungen gehen? Natürlich sind Frauen Frauen, ganz unabhängig vom Körper, den sie bewohnen. Aber was ist mit denen, die sich Östrogen, Brustvergrößerung oder Vaginalplastik wünschen und deswegen durch den Alltagstest müssen? Sollen sie erst mal Röcke, Pumps, Make-up und Perücke tragen, um ihre Weiblichkeit darzustellen? Ist das nicht eine ziemlich klischeehafte Vorstellung vom weiblichen Geschlecht? Ziel des Alltagstests ist, dass die Person schon im Vorhinein lernt, wie es sich anfühlt, als Frau in unserer Gesellschaft zu leben. In der Regel erfährt sie aber, wie es ist, als »Mann im Kleid« behandelt zu werden. Sie brauchen eine Brille? Der MDK gibt Ihnen erst mal nur das Gestell. Wenn Sie damit zwölf Monate lang sehen können, dürfen Sie sich Korrekturgläser zulegen.

Obligatorische Psychotherapie, Alltagstest, Gerichtsverfahren, um den Vornamen und den Geschlechtseintrag zu ändern – alles Dinge, die als simpler Verwaltungsakt geregelt sein könnten –, machen das ganze Prozedere langwierig und zermürbend. Nicht alle trans* Personen wollen Hormone *und* Operationen *und* eine Vornamens- oder eine Personenstandsänderung. Aber wenn man auch nur eines davon möchte, hängt man deswegen häufig jahrelang in der Schwebe. Und wenn das gelebte Geschlecht nicht mit den offiziellen Ausweispapieren übereinstimmt, wie soll man dann eine Wohnung finden? Eine

Arbeit? Sich in der Universität einschreiben? Sein Paket bei der Post abholen? Am Schalter einchecken und mit dem Flugzeug reisen?

Timo machte seine »Psychiater-Stimme«: »Herr Robinet, wie viele trans* Personen braucht man, um eine Glühbirne zu wechseln? Eine. Aber Sie brauchen zuerst das Gutachten von zwei Elektrikern, die bestätigen, dass die Glühbirne gewechselt werden kann.«

»Und«, ergänzte ich, »vorher müssen Sie zwölf Monate im Dunkeln leben, um zu beweisen, dass Sie die Glühbirne wirklich wechseln wollen.«

»Moin!« Lissy stand im Flur, die Klingel hatte ich gar nicht gehört. »Unten war offen.« Sie beugte sich leicht nach vorne, um mich zu umarmen, und drückte mein Gesicht an ihr Dekolleté. »Wie geht's denn so?«

»Als würde ich zum letzten Mal die alte Rechtschreibung nutzen.« Ich grinste. »Und dir?«

Klingel.

»Gut«, hörte ich sie noch antworten, bevor ich zur Sprechanlage eilte. Im Flur begannen sich Schuhe, Jacken und Schals zu häufen. Aus den Augenwinkeln versuchte ich, meine Gäste im Blick zu behalten. Hatten sie Spaß, genug Essen, Getränke?

Christelle sah nicht gerade glücklich aus. Sie hatte kurz vorher ihr lesbisches Coming-out gehabt. Dabei sei ich ihre Glücksfee gewesen, weil ich sie in die Szene mitgenommen und ihr Leute vorgestellt hatte. Von nun an wollte sie sich hauptsächlich mit Frauen umgeben und ausgerechnet jetzt entschied ich mich, als Mann zu leben? Ich führte sie zum Buffet und reichte ihr zwei Scheiben Gurken und Frischkäse-Dattel-Aufstrich. Im Hintergrund sang Ella Fitzgerald leise und beruhigend. Christelle schlürfte ihren Milchkaffee.

»Wie groß bist du noch mal?«

»1 Meter 69.«

»Das ist klein für einen Mann.«

»Sehe ich für dich männlicher aus, wenn ich High Heels trage?«

»Kleine Männer haben es schwer.«

»Es gibt genug Leute, die zu mir aufschauen.« Ich schob mir eine Scheibe Gurke in den Mund und versuchte meine Verärgerung zu verbergen.

»Schon als wir zusammen waren, wollte er Testo probieren«, sagte Sven und piekste eine Scheibe Tomate mit der Gabel auf.

»Du brauchst kein Testo …«, fuhr Christelle fort. »Mach einfach Yoga! Ich meine … Testosteron … ist doch für den Körper ein großer Eingriff … Hast du an deine Gesundheit gedacht?«

Ich zog die Augenbrauen hoch. Christelle war Kettenraucherin.

»Ist dir klar, dass dir die Haare ausfallen können?«

Mir war klar, dass Christelle mit meiner Transition nicht klarkam. Niko war gerade aufgetaucht – er arbeitete nachts, also hatte er erst ausgeschlafen. Auch er schien nicht besonders glücklich.

»Ich wünsche dir charismatische Geheimratsecken«, sagte Timo und öffnete die Balkontür.

»Oder sexy Silberschläfchen, silver fox, *chouchou.*« Lissy nahm sich eine Schale für den Obstsalat.

»Er hat mir nicht gesagt, dass er trans ist«, sagte Christelle. »Nur, dass er seinen Namen geändert hat und ich ihn ab jetzt Jayrôme nennen soll.«

Timo schraubte das Mundstück seiner E-Zigarette auf, um Liquid nachzufüllen. »Meine Mutter sagt immer noch ›sie‹ zu mir.«

»Auch mit dieser Bassstimme?«, fragte Niko.

»Ja.«

Ich wusste nicht, ob Timo das sagte, um Christelle zu verklickern, dass sie sich mal ein bisschen Mühe geben sollte. Meine eigene Familie ahnte noch nichts von meiner Transition. Wir hatten kaum noch Kontakt. Aber früher oder später würde ich es ihnen sagen müssen. Bei dem Gedanken krampfte sich mein Herz zusammen. Ich verzog mich in die Küche, um Kaffee zu kochen.

»Kann ich helfen?« Christelle steckte ihren Kopf zur Tür hinein.

Ich drehte die Espressokanne zu und lächelte. »Merci.«

»Tu es heureux, oder?« Sie umarmte mich, und ich spürte, dass sie weinte. »Ça va«, sagte sie. »Ich muss es nur verarbeiten.«

Knall. Ein Korken flog. Ich ging reflexartig in Deckung.

»Tu veux un Schluck?«, fragte Timo und hielt mir ein Glas hin.

Als alle Gäste weg waren, setzte ich mich aufs Sofa und betrachtete den Baum, an dem lauter zusammengefaltete Zettel baumelten. Die Wärme der Körper, die gerade noch hier gesessen hatten, erfüllte noch das Wohnzimmer. Draußen an der Balkontür hatte sich Frost gebildet. Zwischen mir und meiner ersten Testosteron-Spritze stand nur noch das Ergebnis des Blutbildes. Kiwi tauchte plötzlich im Wohnzimmer auf und begann mit ihrer Pfote gegen die Wünsche zu schlagen, als wären es kleine Boxsäcke.

Ich pflückte einen rosa Zettel. *Lieber Jayrôme … (ich übe schon), es gibt ja viele Veränderungen im Leben, und die besten sind sicherlich die, zu denen man selbst gefunden hat. Daher habe ich das Gefühl, Dir gratulieren zu wollen. Tschüss, Céline …*

Dass du Dich selbst immer liebst. Oder immer mehr. Das wünsche ich Dir!

Einen grünen Zettel. *Mein lieber Jayrôme, hier ein Wunsch von Mann zu Mann: Dass du dich beim Rasieren nicht schneidest.*

Einen gelben Zettel – von Sven. *Liebe Céline, ich weiß ja gar nicht, ob ich mich von Dir verabschieden muss oder will, aber ich tue es jetzt vielleicht einfach mal. Vielleicht bin ich dann umso freier für Jayrôme. Auf dass Du Dich in Deiner neuen Haut wohl fühlst und womöglich etwas findest, was Dir zuvor gefehlt hat.*

Tränen schossen mir in die Augen, die Buchstaben verschwammen. Ich war kurz davor, mein äußeres Erscheinungsbild an mein inneres Selbstverständnis anzugleichen. Aber dass die nächsten Monate mein Leben nicht nur im Hinblick auf mein Geschlecht umwälzen würden, ahnte ich noch nicht.

IMMER SCHÖN LÄCHELN

Nach zwei Wochen bekam ich die Ergebnisse des Blutbildes: grünes Licht für die Testosterontherapie. Ich fuhr direkt zu meinem Hausarzt. Ich machte Schritte, die länger waren als meine Beine. Sven begleitete mich.

Es war ein kalter, klarer Wintertag, am Eingang der U-Bahn-Station verkaufte jemand heiße Maronen. Es raschelte verführerisch, als mir der Verkäufer die Tüte überreichte. Ich brauchte Kraft, wollte die Vorfreude hinauszögern. Sven pustete auf eine geröstete Kastanie. Seine Augen waren sehr blau und schauten mich ermutigend an. Mit der Mütze und dem Vollbart erinnerte er mich an Kapitän Haddock aus *Tim und Struppi.* Aus unserer gemeinsamen Zeit wusste ich, dass er sehr weich war. »Wusstest du damals, dass ich trans* bin?«, fragte ich.

Ich hatte Sven oft dabei zugeschaut, wie er sich morgens Testosteron-Gel auf die Schulter strich. 25 mg Gel im Beutel von Bayer. Ähnlich effektiv wie Injektionen. Ein paar Mal hatte ich ihn um einen der Aluminiumbeutel gebeten. Ich drückte den Beutel aus und eine winzige Menge durchsichtiges Gel quoll hervor, das ich mit dem Zeigefinger auffing, um es mir hinters Ohrläppchen zu streichen. Ein Tröpfchen Parfum, das leicht nach Alkohol roch. Ich wollte wissen, wie sich Testosteron anfühlte. Tatsächlich spürte ich gar nichts.

»Erinnerst du dich, als wir mal zusammen Klamotten kaufen waren?«, fragte er. »Du wolltest ausdrücklich weibliche Klamotten kaufen und du hast mir vorgeworfen, ich würde deine Weiblichkeit nicht unterstützen. Kannst du dich daran erinnern?«

»Vage.«

Ein Doppeldeckerbus fuhr an uns vorbei, die Reifen rauschten durch den Schneematsch. Die Maronen schmeckten süßlich und nussig.

»Auf jeden Fall hab ich dir dann später Unterwäsche gekauft, so Dessous, habe extra noch die Verkäuferin um Rat gefragt, damit das alles passt und so und damit du zufrieden bist. Als du die Sachen ausgepackt hast, hast du dich erst gefreut und hast es angezogen und bist dann irgendwie ganz unglücklich geworden. Du hast dich so in dich selbst zurückgezogen, wie du das manchmal gemacht hast, du warst plötzlich ganz versunken. Und da habe ich gedacht, irgendwas ist mit diesen Dessous vielleicht nicht so angenehm für dich. Und irgendwann hab ich dann 1 und 1 zusammengezählt.«

»Wahrscheinlich warst du mir mit deiner eigenen Erfahrung einfach schon einen Schritt voraus.« Am Busfenster saßen Menschen, Schal und Mütze tief ins Gesicht gezogen. Wie gern hätte ich ihnen ein paar Kastanien gereicht, um das warme Bauchgefühl mit ihnen zu teilen. Sven rückte seine Wollmütze zurecht, die so blau war wie seine Augen. Ich warf meine Papiertüte in den Mülleimer. Ich lächelte, nach innen und außen. Es konnte losgehen.

»Bitte machen Sie sich untenrum frei.«

Während die Arzthelferin das Präparat in die durchsichtige Spritze aufzog, knöpfte ich meine Hose auf und zog meine Boxershorts ein paar Zentimeter herunter. Hinter dem Vorhang hörte ich jemanden husten, Schuhe quietschten auf dem Parkett.

»Das Testosteron wird als Depot in den Muskel gespritzt und baut sich langsam ab«, sagte die Arzthelferin. »Wie eine kleine Speisekammer, die sich mit der Zeit leert. Eine Speisekammer im Po.«

Mein Herz pochte.

»Alles wird gut«, sagte Sven, der meinen Blick kannte. Ich hasse Spritzen. Am liebsten hätte ich um eine Vollnarkose gebeten.

»Brauchst du 'ne Vollnarkose?«, grinste Sven.

»Für die Narkose ist auch eine Spritze nötig.« Die Arzthelferin lachte.

Wer hat gesagt, die Deutschen hätten keinen Humor?

In der Packungsbeilage stand, dass die Testosteron-Lösung Erdnussöl enthielt und dass Menschen, die auf Erdnüsse allergisch reagieren, sie auf keinen Fall gespritzt bekommen dürften. War ich allergisch? Vielleicht sollte ich meine Eltern anrufen?

»Beruhigen Sie sich«, sagte die Arzthelferin. »Das tut nicht mehr weh als ein Mückenstich.«

Wie sollte ich meinen Eltern die Nachricht verkünden, dass ich jetzt als Jayrôme lebte? Lieber langsam, so wie man Tapete von der Wand entfernt, also erst mal einweichen lassen und dann mit einem Spachtel behutsam abkratzen? Oder lieber mit einem Ruck wie bei einem Pflaster? Sven drückte meine Hand. Ich versuchte zu lächeln.

»Vorsicht, es wird kalt.« Die Arzthelferin tupfte Alkohol auf meine rechte Pobacke. »Einmal ausatmen ...« Schon steckte die Spritze in meinem Hinterteil. »Gemein, was?« Die Schwester lachte wieder. »Ausgetrickst.«

Ich spürte, wie etwas Fettiges in mein Muskelgewebe floss.

»Alles gut?«

»Ja.«

»Ich muss langsam spritzen, weil das Präparat ölig ist.«

Ich hatte das Gefühl, dass mein Herz vor Freude anschwoll. Meine Nerven waren aus glänzendem Draht.

»Die Hälfte ist schon geschafft.« Es war ein dumpfes Gefühl, gar nicht so unangenehm, so als würde jemand ganz leicht mit der Faust auf meine Pobacke schlagen.

Die Schwester zog die Kanüle heraus. »So. Fertig. Drücken Sie bitte hier drauf.« Auf die Einstichstelle hatte sie ein Pflaster geklebt. Ich schielte nach hinten auf meinen Po und hoffte auf ein buntes Pflaster mit Winnie Puuh oder der Schneekönigin. Nein, nur beige. Mein Hintern schmerzte ein wenig. Es war ungewohnt, diese Stelle überhaupt zu spüren.

Als Sven und ich die Praxis verließen, prickelte die Kälte in meinem Gesicht. Ich war voller Tatendrang. Fühlte mich wie nach zehn Espresso. Am liebsten hätte ich eine wilde Schneeballschlacht gestartet. Stattdessen führte ich Sven in das nächste Café, und wir stießen mit Prosecco an.

Ich war sehr klein – ich glaube, sechs oder sieben Jahre alt –, als ich meinem Vater zum ersten Mal sagte, dass ich gern ein Junge wäre.

»Dann musst du zum Militär!«, scherzte er.

Damals gab es in Frankreich noch die Wehrpflicht für Männer.

»Was is Millimetär?«

Mein Vater lachte: »Mi-li-tär. Da lernst du, mit 'ner Waffe zu schießen, auf'm Boden zu robben, und dann gehst du in den Krieg.«

»Was ist Krieg?«

»Wie damals, als *Les Boches* kamen.« Meine Großeltern sprachen oft von *les Boches*, *les Schleu*, *les casques à pointes*, den Pickelhauben, und das verhieß nichts Gutes. Wenn meine Oma beim Abendbrot den letzten Baguettekanten runterwürgte, obwohl sie schon satt war, sagte sie: *Encore une chose que les Boches n'auront pas!* – Hauptsache, die Deutschen kriegen ihn nicht!

»Und wann gibt es Krieg?« Mich schauderte es.

»Das ist wie beim Erdbeben. Weiß man nie. Das passiert plötzlich, und dann ist alles *kaputt.*«

Das Wort kaputt hatte mein Vater auf Deutsch gesagt. Ich wollte nicht zum Millimetär. Ich wollte nicht in den Krieg. Ich bekam Angst und war froh, dass niemand wusste, dass ich ein Junge war. Ich desertierte, ohne dass es jemand mitbekam.

Am nächsten Morgen die Aufregung. Ich sprang aus dem Bett und rannte ins Bad. Spieglein, Spieglein, wer hat über Nacht den schönsten Bart bekommen? Nicht ich. Und meine Stimme? Ich begrüßte die Katze:

»Na Kiwi, gut geschlafen?«

Noch kein Stimmbruch, und die Katze ignorierte mich. Egal, ich fühlte mich unbesiegbar. Bald würden Muskeln mein Hemd sprengen wie beim unglaublichen Hulk. Obwohl ich Muskelkater im Po hatte, wäre ich am liebsten gemeinsam mit Kiwi die Gardinen hochgeklettert.

Das Testosteron in meinem Körper musste abgebaut werden. Ich erledigte es durch Aufräumen, Staubsaugen oder Fensterputzen. Oder wie der Philosoph Paul B. Preciado es in seinem Buch *Testojunky* beschreibt: durch meine weibliche Sozialisation.

Am Morgen nach der dritten Spritze stand Kiwi im Bad auf dem Waschbecken und lauerte neben dem Hahn auf einen Wassertropfen, der sich gerade bildete.

»Bonjour, Kiwi!« Krächzen. Es vibrierte in meinem Rachen, als wäre ich heiser. Tatsächlich war ein leichtes Dröhnen zu vernehmen, noch nicht besonders basslastig, aber doch tief. »Hast du das gehört?«

Die Katze schien unbeeindruckt. Meine Stimme war über Nacht eine Oktave tiefer geworden, na und? Das Waschbecken war viel interessanter.

Ich rief sofort Sven an. Dann Timo. Dann Lissy. Ich konnte gar nicht so viel reden, wie ich jubeln wollte. Bei jedem Wort spürte ich Schwingungen im Rücken, ich wurde zum Resonanzkörper, mein ganzer Körper sprach. Und wie die Luft an meinen Stimmbändern vorbeizischte – als sei es das erste Mal überhaupt – und dann als Laut zwischen meinen Lippen hervorkam!

Ich war 38 und mitten in der Pubertät. Nicht nur meine Stimme war neu, ich begann in den folgenden Wochen andere Veränderungen festzustellen: Auf meiner Oberlippe bildete sich ein dunkler Flaum. Das Fett in meinem Körper fing an zu wandern. Im Gesicht schmolzen die Fettpölsterchen, die mich hatten weich erscheinen lassen. Dadurch wurden meine Züge markanter, der Kiefer kantiger. Aus dem Po, den Hüften und den Oberschenkeln bewegte sich das Fett in Richtung Bauch. Und eines Abends, als ich mir mein T-Shirt über den Kopf zog, roch ich den typisch männlichen stechenden Schweißgeruch, auf den ich gern verzichtet hätte. Das weckte sogar Kiwis Aufmerksamkeit: Interessiert schnüffelte sie daran und fing dann an, sich begeistert auf dem Shirt zu wälzen.

Und dann, im Frühling, kam der große Tag.

Ich klapperte mit meinem Rad über die Pflastersteine, als vor mir eine rote Ampel auftauchte. Natürlich wusste ich, dass man an einer roten Ampel stehen bleibt. Auch wenn offensichtlich kein Auto mehr bis zum Ende des Monats vorbeifahren wird, in Deutschland warten wir. Wir ersparen uns den Blick nach links und rechts, wir warten einfach. Wenn jemand doch so leichtsinnig ist, bei einer roten Ampel die Straße zu überqueren, folgt die Zurechtweisung meist sofort: »ES IST ROT!« Zu groß ist die Angst vor dem drohenden Chaos. Denn wenn schon vor solchen Verstößen an der Fußgängerampel nicht zurückgescheut wird, was kommt dann als Nächstes?

In Frankreich dagegen nimmt man sich die Freiheit. Man ist der Meinung, dass, wer bei Rot läuft, klug ist, klug genug, um Regeln je nach Situation anzupassen. Und so fuhr ich an jenem Tag ganz brav über die rote Ampel.

»Arschloch!«, ertönte es sofort hinter mir.

»Danke!«, hätte ich beinahe zurückgerufen. Denn in diesem Augenblick war ich endlich sicher, dass ich nun für einen Mann gehalten wurde.

»Wann darf ein Mann eigentlich lächeln?«, fragte ich Niko ein paar Tage später. Wir saßen in einer queeren Bar in Neukölln. Diffuses Licht hinter großen Fenstern. Lichterketten an der Wand. Früher war ich hier mit einem Lächeln begrüßt worden. Ich trug damals einen Sidecut, einen asymmetrischen Look, ich hatte etwas Androgynes. Ich war eindeutig queer markiert. Jetzt sah ich fragende Gesichter. Dunkler Flaum, Militärhaarschnitt, Adidas-Jacke: Ich sah aus wie die Jungs aus dem Kiez. Ich dachte an die Frage, die ich so oft gehört hatte, wenn ich in den 1990er Jahren mit meinen langen Haaren auf eine lesbische Party wollte: »Weißt du, was das hier für ein Ort ist?«

»Wieso?« Niko hatte sich am Tag vorher ein neues Tattoo stechen lassen, eine Stelle an seinem Hals war mit Frischhaltefolie bedeckt.

»Heute habe ich an der Pommesbude gelächelt, und der Typ: ›Hey, was grinst du so blöd?‹ Gestern habe ich im Dönerladen gelächelt, und der Typ: ›Oh. Du bist nicht deutsch. Woher kommst du?‹«

»Du musst Männern einfach in die Augen schauen«, sagte Niko und nippte an seinem Weißwein. »Nicht zu lange, das macht keiner, sonst denken die, du suchst Streit, dann gibt's Zoff, oder sie denken, du bist schwul, dann gibt's auch Zoff. Aber wenn du *zu* kurz schaust, denken sie, du bist ein Opfer.« Er hielt inne. »Und du solltest nicht jeden Tag Junkfood essen.«

Ich erinnerte mich daran, wie ich vor ein paar Jahren mit Sven und ein paar Freunden auf der Kirmes in der Hasenheide gewesen war. Ich hatte lange Haare, war geschminkt, trug ein rotes, tief ausgeschnittenes T-Shirt und silberne Ohrringe. Sven wollte seine Schlagkraft an einem Boxautomaten beweisen. Vor dem Gerät stand eine Gruppe junger Männer. Einer schlug mit aller Kraft in die Boxbirne, Lichter blinkten auf, eine schrille Melodie ertönte. Ich weiß nicht mehr, wie es dazu kam – ob die Jungs den Automaten zu lange besetzten und Sven ungeduldig wurde oder ob ihnen unsere kleine queere Gruppe auffiel und sie uns deswegen eindringlich anguckten –, jedenfalls schaute ich eindringlich zurück. »Was?«, fragte ich. Hysterisches Kreischen im Hintergrund, als sich die Gondel eines Fahrgeschäfts um 360 Grad drehte, sadistische Ansagen vom Rekommandeur, der Duft von Bratwürsten hing in der Luft. Wer am längsten guckt, ist der Held. »Was ist?«, wiederholte ich mit Nachdruck. Ich näherte mich dem Typen, und eine Weile schauten wir uns in die Augen. Kräftemessen mit Blicken. Ein bisschen flirten. Es war klar, dass er mich nicht so ernst nahm, sein Blick war leicht erstaunt und amüsiert. Würde ich heute das Gleiche machen, hätte ich sofort eine Schlägerei an der Backe.

Als schwuler Mann wurde Niko in seiner Jugend einige Mal zusammengeschlagen. Bis er mit dem Boxen anfing und sich am ganzen Körper tätowieren ließ. So wollte sich niemand mehr mit ihm anlegen. Mit seinen 95 kg haben die Leute Angst vor ihm. Jedes Mal wenn er einen Raum betritt, sieht er Furcht in den Gesichtern, besonders in denen anderer Männer. Sie nehmen sofort an, dass Niko gewalttätig ist. Wahlweise denken sie auch »Anabol-Opfer« oder »dumm«. Niko hat Philosophie studiert. Ich weiß, dass er jeden Tag gegen Vorurteile kämpft, indem er sich vorsichtig bewegt und seinen Körper bewusst in sanfte Sprache übersetzt, während die Leute erwarten, dass er um sich schlägt. Aber in der schwulen Szene, wo er zu Hause ist, kommt er gut an, da ist der Körperkult ziemlich stark. Niko trainiert hart. Genauso hat er im Philosophie-Studium hart studiert.

Er schaute auf seine Uhr, ein dickes Modell mit Metallarmband, in das sich bei mir immer die Haare einklemmen. »Ich muss zur Arbeit.« Er sah mich eine Zehntelsekunde zu lang an, und ich fragte mich, ob er überlegte, mir vorzuschlagen mitzukommen. Niko arbeitet in einem Sexclub. Um solche Orte habe ich die schwule Subkultur oft beneidet: ein Füllhorn der Wollust, ein Eros-Mikrokosmos, von dem ich bis zu meiner Transition ausgeschlossen war.

Er stand auf. Er würde mich wohl nicht fragen, ob ich mitkommen wollte. Niko war von meiner Transition nicht sehr begeistert. Ich war seine beste Freundin gewesen, der er alles hatte erzählen können. Wie würde sich unsere Freundschaft verändern, wenn er sich jetzt theoretisch zu mir hingezogen fühlen könnte?

SIE VERLASSEN DEN HETERONORMATIVEN SEKTOR

Heute habe ich zum ersten Mal als Mann ein Date mit einer Frau. »*Message me if you think outside the box*«, habe ich ihr auf Tinder geschrieben. Carla weiß natürlich nicht, dass ich trans* bin. Sie hat die Kneipe vorgeschlagen, ich bin fünf Minuten zu spät und blicke mich suchend um. Es ist voll und laut. Leute beugen sich über die Tische zu ihrem Gegenüber, um gegen den Lärm aus den Boxen anzukommen. Eigentlich schaue ich Menschen, die ich nicht kenne, in Bars selten direkt ins Gesicht. Einige blicken leicht irritiert zurück und scheinen sich zu fragen, ob wir uns kennen. Ich wünschte, ich wäre zu früh und würde souverän ein Buch lesen, während ich warte. Dann müsste ich nur lässig die Augen heben »Ich glaube, wir haben ein Date?«, frage ich. Ich hoffe, dass ich richtigliege. Die Person vor mir sitzt allein an einem Tisch und sieht vage nach Carlas Tinder-Bildern aus. Sie lächelt und nickt.

Ich nehme Platz und spüre den Muskelkater vom gestrigen Krafttraining. Meine Haare habe ich mit ein wenig Gel gestylt, mein Binder komprimiert meine Brust, und ich trage einen Softpacker, also einen Penis, mit dem ich im Stehen pinkeln kann – aber keinen Sex haben. Ich gehe eigentlich nicht davon aus, dass wir beim ersten Date gleich miteinander ins Bett steigen.

Carla trägt ein T-Shirt mit tiefem V-Ausschnitt und dem Spruch *If I can't wear what I want, I prefer to be naked.* Eine Sekunde lang bereue ich, dass ich meinen Hardpacker nicht dabei habe. Notfalls geht Sex aber auch ohne Penis. Ihre Haare fallen offen über ihre Schultern. Sie riecht nach einem fruchtigen Parfum und nach Tabak. Ich bin ein bisschen enttäuscht. Auf ihrem Profil stand, dass sie Nichtraucherin ist.

Ist jetzt der richtige Augenblick, um ihr zu sagen, dass ich trans* bin? Timo teilt es manchmal erst mit, wenn er schon mit der anderen Person im Bett liegt – oder manchmal sagt er es gar nicht, in Sexclubs zum Beispiel. In Schottland wurde ein trans* Mann deswegen zu drei Jahren Haft verurteilt: *rape by deception* – Vergewaltigung durch Täuschung, Notzucht, Erschleichung des Beischlafs unter Vorspiegelung falscher Tatsachen.

Ich schaue mich nach der Bedienung um. »Man muss am Tresen bestellen«, sagt Carla. Sie macht keine Anstalten aufzustehen. »Was möchtest du?«, frage ich schließlich. Sie kramt in ihrer Tasche nach ihrem Portemonnaie und will mir das Geld für ein Beck's geben. Gibt es einen Erstes-Date-Code? Einen Tinder-Knigge? »Ich lade dich ein«, sage ich und schlängele mich durch die Menge.

Der Binder schränkt meine Bewegungsfreiheit ein, aber Kopf hoch, Brust raus. Ob Carla mir nachschaut? Am Tresen macht mir eine Frau in Business-Outfit schöne Augen. Diese Person hätte mich früher vermutlich nicht einmal registriert. Auf jeden Fall sicher nicht auf diese flirty Art. In ihrem Blick erkenne ich etwas Forderndes, oder vielleicht regt sich in mir auch einfach von selbst ein seltsames Pflichtbewusstsein, als ob ich meine Männlichkeit bestätigen müsste. Der Kellner erklärt ihr, wie er die Scheine in sein Portemonnaie ordnet. »Ordnung muss sein«, sagt sie und lächelt. »Wir sind ja immer noch in Deutschland!«, antwortet er.

Ich habe große Lust, den beiden mitzuteilen, dass ich transgender bin, um ihre Ordnung zu durchbrechen. »Hi, ich hätte gern zwei Beck's, bitte.« Ich strahle über beide Backen, meine Stimme klingt plötzlich höher, irgendwie flehend. In mir macht sich eine Mischung aus Harmoniesucht und Unsicherheit breit, das Übliche.

»Zwei Berliner«, sagt ein Typ neben mir. Seine Stimme ist tief geblieben, seine Mimik hat sich kaum verändert. Ich muss noch viel lernen. Aber will ich das?

Als ich mich mit den zwei Bier wieder zu Carla setze, spüre ich plötzlich das Testosteron in jeder Ader meines Körpers. Ich habe einen starken Bewegungsdrang und wippe mit dem Bein, was ich früher nie gemacht habe. Der Spruch auf Carlas T-Shirt hüpft vor meinen Augen auf und ab, und ich stelle mir vor, wie sie *I prefer to be naked* in mein Ohr flüstert. Der Gedanke an Sex bleibt in meinem Kopf hängen und setzt sich in meinem Körper fest, wie ein Hintergrundrauschen. Gott sei Dank lässt sich meine Erregung leicht verstecken. Auch deshalb trage ich meinen Hardpacker nicht im Alltag. Dieser wurde von einer Firma in den USA hergestellt, die Prothesen und Special Effects für Hollywoodfilme anfertigt. Wenn ich ihn mit einem speziellen Hautkleber an meinem Körper befestige, ist die Beule in der Hose ziemlich deutlich. Es ist ein Penis in erigiertem Zustand, verblüffend realistisch, nicht nur optisch, sondern auch haptisch. Ich durfte die Größe wählen sowie eine passende Farbe aus 24 unterschiedlichen Nuancen. »Nicht zu dick, ist sonst schwer zu lutschen«, meinte Niko. »Und die Farbe muss einen Tick dunkler sein als dein Oberschenkel.« Es hat sieben Monate gedauert, bis mein Penis fertig war und ich ihn vom Zollamt in Berlin-Schöneberg abholen konnte. Am Abfertigungsschalter musste ich das Paket vor den prüfenden Augen eines Zollbeamten öffnen, damit er den zu zahlenden Betrag ermitteln konnte. »Sicher?«, fragte ich etwas verlegen. Ja, Vorschrift sei Vorschrift. Er grinste ein wenig, als er die Ware in den Händen hielt, aber er wickelte den Vorgang ohne einen Mucks ab.

Und schließlich könnte ich dank Kunstsperma und eines besonderen Schlauchsystems einer Firma, die Utensilien für Porno-Drehs produziert, auch abspritzen. Sieht echt aus, fühlt sich realistisch an, riecht wie das Original und schmeckt auch so, wirbt der Hersteller. Seit ich diesen kostbaren Schwanz und das Sperma besitze, das teurer ist als Champagner, fühle ich mich wie der Sechs-Millionen-Dollar-Mann. Alles wartet nun in der Schatulle auf seinen großen Tag.

Carla erzählt mir, dass sie in Theaterwissenschaften promoviert hat. Ich verschlucke mich fast. Ich muss an den französischen Journalisten Alain-Xavier Wurst denken, der in seinem Buch *Zur Sache, Chérie* über die deutsche Flirtkultur schrieb beziehungsweise sich eigentlich hauptsächlich über sie beschwerte: Deutsche Frauen könnten nicht flirten. Statt sich dem Spiel des Kokettierens zu widmen, wollte zum Beispiel auf einer Party eine hübsche Frau mit ihm ausschließlich über Politik reden, was seiner Meinung nach die beste Voraussetzung dafür sei, um einen Flirt gegen die Wand zu fahren. Ich bin völlig anderer Meinung. Wie verdammt sexy ist Intelligenz! Ob Wissen oder Erfahrungsschatz: Kluge Gespräche machen mich an.

Ich bin nicht daran gewöhnt, Dinge zu sagen wie: »Schön siehst du aus« – zumindest nicht als Anmache. Ich bin in einer Welt aufgewachsen, in der Körperlichkeit weiblich und der Blick darauf männlich war – die Frau schaute den Mann nur an, wenn sie ihm zuhörte. Wahrscheinlich führte meine Angst davor, Machogehabe zu reproduzieren, zu einer gewissen Hemmung bei Annäherungsversuchen. Vielleicht wäre es tatsächlich sogar sinnvoll, wenn der Körper bei einem Date eine Rolle spielt und Begehren angesprochen wird? Vielleicht würde sich Carla darüber freuen, wenn ich ihr sage, dass ich sie hübsch finde.

»Wie findest du bei Brecht die Darstellung des Geschlechtswechsels in *Der gute Mensch von Sezuan*?« Ich lasse meinen Blick durch den Raum schweifen, als sei meine Frage ganz banal. Schließlich ist Carla Theaterwissenschaftlerin.

»Wie meinst du das?«

»Findest du das realistisch? Wenn das Passing als Mann so einfach wäre …«

Ob Carla das Wort »Passing« kennt – das Durchgehen als das Geschlecht, zu dem man sich zugehörig fühlt? Offensichtlich ja, denn ihre Augenbrauen bleiben entspannt. In der Wissenschaft sind queere Begriffe mittlerweile angekommen. Oder hat sie sich das Wort einfach abgeleitet?

»Brecht wollte nicht wirklich ein Experiment in Sachen Geschlechterdynamik machen«, sagt Carla ungerührt und spielt mit dem Bierdeckel. »Das Stück ist eher eine Kritik des Kapitalismus.«

Warum ist eine hübsche Akademikerin in ihrem Alter Single? Ist sie beruflich vielleicht zu erfolgreich, angetrieben von der Angst, nicht gut genug zu sein? Haben Männer Angst, sich mit ihr messen zu müssen? Als Frau mehr Erfolg, mehr Macht, mehr Geld zu haben stellt häufig eine Gefahr dar. Ob Carla sich manchmal selbst kleinmacht, damit potentielle Partner keine Egoprobleme bekommen?

»Ich finde schon, dass Brecht auch versucht, Geschlechterverhältnisse aufzuzeigen, und wie sich diese auf gesellschaftliche Machtpositionen auswirken.« Ich überlege, ob ich das Thema Sexismus vertiefen soll, aber das könnte Carla als Mansplaining auffassen, und ich will kein Mann sein, der einer Frau etwas erklärt, von dem sie eigentlich mehr Ahnung hat als er. Woher soll ich schließlich aus meiner »Männerperspektive« wissen, wie es ist, als Frau in der Gesellschaft zu leben?

Ich merke, dass ich mich einschränke: in meinem Ton, meiner Wortwahl, meinen Gesten, meiner Mimik, meinem Lachen. Spontaneität ist futsch, stattdessen Knappheit und Kontrolle. Im Kopf übe ich: Carla, ich muss dir ein Geständnis machen ... Nein. Carla, ich muss dir etwas sagen ... Nein. Carla, ich *will* dir etwas sagen ... Hey, Carla, weißt du was?

»Warst du schon mal hier?«, frage ich und verdrehe innerlich die Augen über mich selbst. Carla hat die Bar vorgeschlagen. Ich fühle mich winzig und unbedeutend, als würde ich einen Anzug tragen, der zwei Nummern zu groß ist, die Schulterpolster hängen an den Ellbogen, die Ärmel bedecken meine Hände, ich stolpere über den Hosensaum. Ob sich unter Umständen die meisten Männer so fühlen und sich bemühen, die Kleidung auszufüllen, ohne sich dies anmerken zu lassen? Wenn Carla einen Mann will, der ein männliches Verhaltensrepertoire abrufen kann, einen George-Clooney-Typ, der genau weiß, was er zu tun und zu sagen hat, dann ist sie bei mir an der falschen Adresse. Oder kann es sein, dass das alles allein meine eigene Projektion ist? Ist das etwa das Männerbild, das ich gerne erfüllen würde?

Carlas Augen funkeln, und ich meine Verlangen in ihnen erkennen zu können. Es fühlt sich gut an, als Mann begehrt zu werden, aber das Flirten schafft etwas zwischen uns, an das ich mit Frauen noch nicht ganz gewöhnt bin: Distanz. Feminine Frauen waren bis jetzt eher meine besten Freundinnen. Ich weiß, was es bedeutet, als Frau zu leben. Immer schön lächeln, aber nicht zu laut lachen, gepflegt und elegant sein, aber dabei natürlich aussehen, einen perfekten Körper haben, ohne Diät und ohne Sport, denn Muskeln sind männlich, am besten jung sein und niemals über vierzig werden, Anti-Falten-Cremes auftragen und Haare färben, weil weißes Haar nur bei Männern attraktiv ist, erfolgreich sein, aber nicht erfolgreicher als Prinz Charming, auf den bitte zu warten ist, sich um andere Menschen kümmern, zuhören, sensibel sein, fürsorglich, süß, intuitiv. Ich schaffe es einfach nicht, Carla so zu behandeln, als wüsste ich das alles nicht.

Obendrein ist es schlicht zu laut in dieser Bar. Ich stelle mir vor, wie ich ihr ins Ohr brülle: »Ich bin trans!« »Was?« »Ich bin tra-hans!« Irgendwie ist es grotesk. Heute kann ich jeden Tag mit jemand anderem schlafen, ohne als »Schlampe« zu gelten (natürlich wird von Vornherein davon ausgegangen, dass »Schlampe« eine Beleidigung ist). Aber ich kann keinen One-Night-Stand mehr haben oder irgendeine Art von Beziehung eingehen, ohne befürchten zu müssen, dass ich aufgrund meines Trans*-Seins zurückgewiesen werde. Dass mein Gegenüber die eigene sexuelle Orientierung infrage stellt. Oder ohne mich zu fragen, ob die Person einfach nur einen Fetisch ausprobieren will.

Es ist unangenehm heiß, aber die Bierflasche ist schön kalt in meinen Händen. Verstärktes Schwitzen ist eine Nebenwirkung der Hormontherapie, und ich habe den Eindruck, dass mein Schweiß nach Testosteron riecht. Ich wippe weiter mit meinem Bein. Carla fährt sich lässig durch die Haare, wendet den Kopf leicht ab, ihr Ausschnitt ist so tief, dass ihr das T-Shirt leicht über die Schultern rutscht. Ein Typ geht an unserem Tisch vorbei. Mit einem Augenzwinkern und hochgestrecktem Daumen gibt er mir hinter Carlas Rücken zu verstehen, dass sie heiß ist. Ich weiß nicht, wie ich reagieren soll. Wenn jemand im Zug so laut telefoniert, dass es das ganze Abteil mitbekommt, oder Kinder in der Bahn nicht aufhören zu schreien, kenne ich solche stillschweigenden Blicke der Solidarisierung mit Fremden. Aber in Bezug auf die Attraktivität meines Dates habe ich so eine ungefragte Verbrüderung noch nie erlebt. Ich beschließe, mich auf Carlas Seite zu stellen.

»Der Typ hat gerade hinter deinem Rücken das Daumen-hoch-Zeichen gemacht. Ich gehe davon aus, dass er mir damit sagen will, dass du attraktiv bist.« »Echt?« Sie dreht sich um. Carlas Mund verzieht sich zu einem krampfhaften Grinsen. Sie schaut mich vorwurfsvoll an. Es ist, als müsste ich mich für etwas entschuldigen, wofür ich nicht verantwortlich bin. Plötzlich schießt mir durch den Kopf: Ob Sven oder andere Männer, mit denen ich etwas hatte, etwas Ähnliches erlebt haben? Oder sogar selbst getan haben?

Ich brülle Carla ins Ohr: »Komm. Lass uns woanders hin.«

Ich führe sie ins Silver Future. An der Wand hängt eine Audrey Hepburn mit Schnurrbart und hat ein Auge auf uns. Der Ort kommt mir passender vor für ein Coming-out. Die Gruppe am Tisch neben uns beginnt zu singen: *Happy Birthday to you, Happy Birthday to you.* Ein Kuchen wird gebracht, Kerzen flackern. Ich suche Carlas Blick. Sie schaut sich mit einem breiten Lächeln um. Um uns pinke Wände, gemütliche Sofas, weiter hinten gibt es eine Schminkecke mit Perücken, Glitzer-Kleidung und Pumps bis Größe 45 zum Ausleihen. Im Raum verteilt sitzen weibliche Männer, die sich in der traditionellen schwulen Subkultur nicht wohl fühlen, bärtige Kerle in Flanell und Arbeitsstiefeln, Männer in Tanktops und Skinny Jeans, langhaarige Männer, Kahlwerdende mit Bierbauch, Geeks in bis oben zugeknöpften Hemden, Männer, die erst seit ein paar Monaten Hormone nehmen, oder solche, die überhaupt gar keine wollen. Und daneben eine ähnliche Vielfalt von Weiblichkeiten und Enbys, also nicht-binären Menschen. Das Geburtstagskind pustet die Kerzen aus und bestellt eine Runde Shots für alle. Die Kellnerin bringt die Gläschen und stellt das

Tablett erst mal auf unserem Tisch ab. Sie umarmt mich. Ich stelle die beiden einander vor. »Kris, Carla, Carla, Kris.« Kris hat ihre Perfecto durch eine Lederweste ersetzt.

»Komm mal her! Damit ich dir den Hintern versohle!«, sagt eine tätowierte Frau zum Geburtstagskind. Dieses steht auf, stützt sich mit beiden Händen auf der Theke ab, spreizt die Beine und streckt seinen Hintern raus, der in engen Jeans-Shorts steckt. Ich versuche souverän zu bleiben, aber die Spanking-Szene passt gerade nicht. Carla und ich werden direkt ins Vorspiel katapultiert, bevor wir überhaupt wissen, ob wir miteinander Sex haben wollen.

Die Tätowierte nimmt ihren Siegelring ab, gibt ihn einer ihrer Freund!nnen und reibt sich die Handflächen. »Ein Schlag pro Jahr«, verkündet sie. Ich schätze das Geburtstagskind auf um die dreißig. Eins, sie keucht, zwei, sie macht ein Hohlkreuz. Es macht mich irgendwie an. Die Tätowierte zieht ihren Gürtel aus den Schlaufen, faltet ihn und streichelt damit über die Wange des Geburtstagskinds. Beim nächsten Schlag landet das Leder mit einem dumpfen Geräusch auf dem Gesäß. Die Hitze steigt um eine Stufe. Carla lässt die Szene nicht aus den Augen. Ich frage mich unwillkürlich, wie es sich anfühlen würde, in ihr Haar zu wichsen. Jemand fängt an, die Szene mit seinem Smartphone zu filmen. Kris interveniert und zeigt auf das Warnzeichen: ein roter Kreis mit einer durchgestrichenen Kamera. Dann bittet sie die zwei Frauen, die Tracht Prügel zu beenden. Nicht jede Person in der Bar möchte eine SM-Szene miterleben, und Kris will vermeiden, dass Leute zu etwas verleitet werden. Die Tätowierte murrt etwas und zieht ihren Gürtel wieder an. Extra aus Hannover gekommen, höre ich sie sagen, ich dachte, Berlin sei so frei.

»Warst du schon mal hier?« Mir fällt zu spät ein, dass ich Carla vorhin dieselbe Frage gestellt habe. Vermutlich hält sie mich für wenig einfallsreich. Aber hier macht die Frage wenigstens Sinn. Carla lebt erst seit Kurzem in Berlin – falls sie diese Bar schon kennt, besteht die Möglichkeit, dass sie mit der queeren Szene vertraut ist und mit meinem Trans*-Sein gar kein Problem hat.

»Nein.« Sie hebt einen Flyer auf, der auf dem Tisch vor ihr liegt, und liest ihn kurz durch. Der Flyer kündigt eine Soli-Party für queere, geflüchtete Menschen an. »Ach, die Willkommenskultur.«

»Was ist damit?«

»Es ist so heuchlerisch. Plötzlich fangen alle an, Flüchtlingen zu helfen.«

»Willst du lieber nichts tun?«

»Und was machst du?«

»Willst du meinen Helferpass sehen?«

Wie kann ein Gespräch so schnell entgleisen? Mein Binder drückt und zwickt an den Rippen. Momentan liegen Hunderte von Menschen auf der Wiese vor dem Landesamt für Gesundheit und Soziales, die Behörde ist überfordert, prügelnde Securitys und Schmiergelder für Wartenummern oder Hostel-Gutscheine sorgen für Schlagzeilen, viele queere Geflüchtete erfahren in herkömmlichen Unterkünften Gewalt.

»Ein Freund von einer Freundin aus Syrien wird bei mir einziehen.« Aber noch wohne ich alleine, denke ich, wir können also später zu mir gehen. Ich wundere mich selbst über diesen Gedanken. Ich bin nicht einmal sicher, ob mir Carla gefällt beziehungsweise ob ich sie mag. Aber es ist tatsächlich so: Karim, ein schwuler Maler, hat Asyl in Deutschland beantragt, und da ich mit Kiwi alleine wohne und genug Platz habe, wird er eine Weile bei uns leben. Falls ich Carla abschleppen will, ist jetzt die letzte Chance. Ich überlege, in welchem Zustand ich die Wohnung hinterlassen habe. Obwohl ich an Carlas Stelle nicht unbedingt in die Privatwohnung eines Typen gehen würde, den ich überhaupt nicht kenne. Wie sagt Margarete Atwood so schön? Männer haben Angst, dass Frauen sie auslachen. Frauen haben Angst, dass Männer sie umbringen.

Carla schaut auf die Uhr. »Ich muss morgen früh aufstehen.«

»Kein Problem.«

Wir treten in die laue Nacht. Der Vollmond hat die Wolken vertrieben. Die Straße ist leer. Carlas Stilettos klackern. Ich bewundere sie, auf diesen Pflastersteinen würde ich mir höchstwahrscheinlich den Knöchel brechen.

Wir hören den Typ, noch bevor wir ihn sehen. Er ist offensichtlich betrunken und gibt lauthals unverständliche Dinge von sich. Er schwankt auf uns zu. Ich spüre, wie sich mein Körper versteift, mein Puls beschleunigt. Er schimpft mit ausholenden Gebärden in unsere Richtung. Instinktiv lege ich meine Hand auf Carlas Rücken und dirigiere sie leicht nach links, damit wir den Weg für den Mann frei machen. Ich möchte möglichst wenig Anlass für eine Konfrontation bieten.

»Ich bin groß genug«, sagt sie, nachdem der Mann vorbeigetorkelt ist.

»Ja, schöne High Heels.« Ich lächle.

»Nein, ich meine, ich kann mich selbst wehren.«

Mir wird klar, dass ich die Wahl habe: Macho oder Feigling. Dann nehme ich allen Mut zusammen: »Eine Sache noch … Carla … hm … eigentlich … also … ich bin trans.«

»Was meinst du?«

Wir bleiben stehen. Ich räuspere mich. »Ich habe früher als Frau gelebt.«

»Echt?«

Wenn Carla mich jetzt fragt, ob ich operiert bin, wäre es das erste Mal, dass diese Frage einigermaßen Sinn machen würde:

gestellt von einer Person, die gerade überlegt, mit mir Sex zu haben.

»Hätte ich nicht gedacht …«, sagt sie dann und lächelt. »Kein Problem. Ich bin bi.«

AM SEE

Heute ist es sonnenlaut, der Himmel will keine Wolken. In der Wohnung staut sich die Luft, ruckzuck packe ich ein paar Brote, etwas Obst und mein Schlauchboot ein. Ab zum Schlachtensee. Timo will später auch kommen.

Die Bahn ist voll, Fahrräder reihen sich aneinander, allein in meinem Wagen vierzehn Stück. Neben mir pumpt jemand noch kurz Luft in sein Vorderrad. Es riecht nach Schweiß und Sonnencreme. Die Fenster sind gekippt, der Luftzug ist angenehm. Draußen zieht die Landschaft an mir vorbei.

Am See klappern Flip-Flops an Fersen, die Äste der Pappeln winken sanft im Wind. Ich lege mein Schlauchboot flach auf die Wiese, knallorange liegt es im grünen Gras, und fange an es aufzupumpen. Neben mir schießt ein Junge mit einer Wasserpistole in die Luft. Vor mir glitzert der See. Hier und da bewegt sich etwas im Wasser, ich bin mir nicht sicher, ob Köpfe oder Enten.

»*Where did you get that boat?*« Der Mund, der gefragt hat, lächelt. Ich lächle zurück, während ich mit den Armen Marschierbewegungen mache, um möglichst effizient zu pumpen. Das Schwingen soll es den Beinmuskeln leichter machen.

»Aldi. *Only 30 Euros!*« Ich weiß nicht, warum ich immer den Preis angebe, wenn etwas Cooles billig ist.

»Danke! *By the way*, ich bin Massimo.«

Massimo ist Erasmus-Student, gerade frisch nach Berlin gekommen und Italiener. »Neapolitaner«, betont er, als sei ihm die Unterscheidung wichtig.

»Und wo gehste du mit der Boot?«

Ich ärgere mich, dass ich kein Italienisch spreche. Als Kind konnte ich meine Großeltern kaum verstehen, Nonna und Nonno, die eine verwirrende Mischung aus Französisch, Italienisch und Sizilianisch sprachen, alles zu gleichen Teilen. Heute schäme ich mich, dass ich mich für sie schämte, weil mir klar war, dass auch »normale« Franzosen sie nicht kapierten. Hätte ich ihnen doch besser zugehört und etwas von ihrem Mischmasch gelernt! Aber ich sah meinen Nonno und meine Nonna sehr selten. Meine Mutter hatte kein gutes Verhältnis zu ihren Eltern, sie war wütend auf sie und weigerte sich, sie zu besuchen – bis meine Großeltern irgendwann nach Sizilien zurückgingen.

»Ich fahre ans andere Ufer. Dort ist es leerer.«

Neben uns ertönt Reggae, Jugendliche haben Boxen, Grillzeug und eine Kiste Bier mitgebracht. Ich drücke das Ventil mit dem Stöpsel tief in die letzte Kammer und werfe den kleinen wasserdichten Beutel mit meinen Wertsachen ins Boot. »Möchtest du mitkommen?«

Keine Ahnung, warum ich das vorgeschlagen habe. Würde ich noch als Frau leben, hätte ich das bestimmt getan, aus Freundlichkeit. Eigentlich könnten Massimo und ich doch einen guten Draht haben, hätte ich gedacht, wir sind ja beide Italiener, und Massimo hätte meine Einladung bestimmt als Anmache verstanden. Gehen Männer in Frankreich und Deutschland eigentlich anders miteinander um? Und in Italien?

»Ja, gern!«, sagt Massimo.

Nun liegen unsere Smartphones, Schlüssel und Portemonnaies eng umschlungen im Wet-Bag. Während ich paddle, wird mir klar, was für eine schlechte Idee es ist, mit Massimo in einem Boot zu sitzen. Das hier ist meine Insel, mein wackelndes Gumminest, meine aufblasbare Schutzwiege. Nur hier traue ich mich, mich obenrum frei zu machen, das T-Shirt auszuziehen, den Binder abzulegen, zu atmen, die Wärme zu spüren. Denn Seen, Strände, Schwimmbäder, Orte, an denen erwartet wird, dass man Haut zeigt, sind schwierig, wenn man einen Körper hat, der nicht der Norm entspricht.

»Was studierst du?«, fragt Massimo.

»Bin schon fertig mit dem Studium.«

Massimo zieht eine Augenbraue hoch. Er schätzt mich wohl jünger, als ich bin.

»Ich bin Autor und Übersetzer. Siehst du, wie ich uns gerade *über*setze.« Ich mache eine kleine Pause und schaue ihn erwartungsvoll an.

»Ich studiere *mechanical engineering*«, sagt er. Massimo lächelt breit und fährt sich mit den Fingern durch die schwarzen Locken. Er sieht gut aus. Sein Akzent erinnert mich an meine Familie, und ich lächle zurück. Vermutlich hat er meinen Witz nicht verstanden. Bringe ich mich in Gefahr, wenn ich meinen Körper zeige? Die Antwort auf diese Frage entscheidet sich meist im Bruchteil einer Sekunde. Wenigstens fühle ich mich durch die Sonnenbrille ein bisschen geschützt. Massimo kneift die Augen zusammen – er hat keine Sonnenbrille, kein Handtuch, keine Badehose, es wirkt, als sei er rein zufällig am See gelandet.

Ich halte eine Hand ins Wasser. Ich stelle mir vor, wie ich kopfüber hineinspringe, schwimme, schwebe, wieder auf meiner wackelnden Insel strande, mich auf dem Gummi wärme.

»Die Deutschen lieben Schwimmen«, sagt er, legt seinen Kopf auf den Bootsrand und schließt die Augen. Im Wasser durchbrechen Köpfe in regelmäßigen Abständen kurz die Wasseroberfläche.

»Der Lieblingssport in Deutschland«, sage ich und versuche, weder Menschen noch Vögel mit den Paddeln zu schlagen.

»Ist das eine Ente mit Badekappe oder eine Badende mit Schnabel?«

Massimo schaut mich ungerührt an. »Guck mal …«, sagt er und nickt in Richtung Ufer.

Schon klar, dass ich nicht nur gucken soll, weil da zwei Menschen rudern. Vermutlich findet Massimo die beiden Mädchen im Bikini heiß und geht davon aus, dass ich das auch so sehe. Er hat mir das Male-Bonding-Frisbee zugeworfen und nun erwartet er, dass ich es zurückwerfe. Ich muss an eine Stelle aus James Baldwins *Giovannis Zimmer* denken, als David und Joey am Strand liegen und halbnackten Frauen hinterherpfeifen, um zu betonen, dass sie sich nicht zueinander hingezogen fühlen. Ob Männer vieles, was sie tun, vor allem tun, um zu zeigen, dass sie nicht schwul sind? Ein Rabe krächzt.

Ich lasse das virtuelle Frisbee an mir vorbeizischen und im Wasser landen. Ich weiß, dass ich gerade versagt habe und die Möglichkeit vorbeiziehen lasse, meine »Männlichkeit« zu beweisen.

Aber noch rudere ich, um ans Ufer zu gelangen. Wir ducken uns und versuchen, den Ästen einer jungen Birke auszuweichen.

»Vorsicht!« Ich springe aus dem Boot und binde es an einen Baumstamm.

Das Wasser ist glasklar und schimmert grün. Die kleine Bucht ist mit Sand bedeckt. Es ist traumhaft. Bis auf ein Pärchen, das links von uns Klapptisch und Kühltasche aufgebaut hat, und eine Frau, die sich rechts von uns sonnt, sind wir alleine. Ich breite mein Handtuch aus und hole Stullen, Weintrauben, hartgekochte Eier, Apfelschorle und Sonnenmilch aus meiner Tasche – Massimo zieht sein T-Shirt aus. Ich versuche, ihm mit völlig neutralem Blick in die Augen zu schauen. In der Ferne hört man das Brummen einer Motorsäge. Ich lege mich hin. In meinen Rücken sticht etwas. Unter dem Handtuch entdecke ich einen kleinen Tannenzapfen.

»Wie la *principessa sul pisello!*«, sagt Massimo.

Keine Ahnung, was er meint, aber nach fünfzehn Jahren im Ausland habe ich gelernt, so zu lächeln, als hätte ich verstanden. Ich sehe, dass ein Tattoo seine Brustmuskeln verziert.

Rrratsch.

»Ah. Das war ein Baum.«

Die Motorsäge stoppt.

»Nimm dir einfach, wenn du Hunger hast.«

Massimo nickt und greift nach einer Weintraube. Er liegt neben mir im Sand und stützt sich auf dem Ellbogen ab. Ich erröte bei dem Gedanken, dass jetzt eigentlich der Augenblick gekommen ist, in dem ich mein T-Shirt ausziehen sollte. Aber die Vorstellung von einer blutigen Nase, und sei es nur in Form von Massimos entsetztem Blick, möchte ich nicht riskieren.

»Guck mal«, flüstert er wieder. Diesmal zeigt er auf etwas hinter mir.

Ich versuche mich unauffällig umzudrehen und sehe, dass die Frau, die sich neben uns sonnt, gerade ihren Bikini auszieht. Aus Frankreich kenne ich das so: Man wickelt sich das Handtuch um die Brust oder wenigstens um die Hüfte und schält sich dann umständlich aus seinen Badeklamotten, um direkt danach wieder etwas anderes anzuziehen. Nicht einmal in die Sauna gehen wir nackt. In Berlin präsentiert man sich völlig entblößt am See, in den Parks, mitten in der Stadt, unter den Fenstern der Kanzlerin. Plötzlich will ich dazugehören. Zu ihm. Zu Massimo. Diese deutsche Frau, die sich so frei fühlt … war ich je so wie sie? Als Teenager hätte ich so gern zu meinen Kumpels gehört: mit ihnen in einer Band gespielt, für die gleichen Mädchen geschwärmt, ihnen meine Sex-Geschichten erzählt, zusammen Pornofilme geschaut. Aber das ging nicht. Und Sex-Geschichten hatte ich sowieso nicht.

Ich nehme meine Sonnenbrille ab und setze sie Massimo auf die Nase. Seine Augen verschwinden hinter den verspiegelten Gläsern, in denen sich die Frau nun »vor meinen Augen« nackig macht. Als Massimo versteht, dass ich ihn als Spiegel benutze, grinst er. Ich grinse zurück. In letzter Sekunde habe ich das Male-Bonding-Frisbee doch noch gefangen und zurückgeworfen. Mein neuer Freund hebt seine Hand – *hive five*.

Während ich wieder rudere, um Timo am anderen Seeufer abzuholen, scheint der Schlachtensee nicht tief genug zu sein, um mein Entsetzen über mich selbst und meine Scham zu verbergen. Auf der Wiese erblicke ich einen pinken Haarkamm, darunter eine Sonnenbrille und einen nackten Oberkörper. Soll ich wieder umdrehen? Timo. Massimo. Massimo. Timo. Und ich. Wie soll das gehen? Wenigstens sind Timos Narben unter seinen Brustmuskeln kaum sichtbar. Timo. Massimo. Und ich.

»Zeig mal!« Timo inspiziert meinen Bart.

»Es ist so ein Flaum«, seufze ich.

»Krass gewachsen!«

»Wie bei einem pubertierenden Jungen.«

»Nee, quatsch. Der sieht nicht aus wie von einem Jungen. Es gibt viele Männer, die so einen Bart haben, bei dem nicht viel passiert. Guck mal bei mir. Man könnte denken, vielleicht will er den nicht so lang, oder er hat sich gar nicht rasiert, oder er will ihn sich wachsen lassen, und es fehlen noch zehn Tage.« Timo zieht an seiner E-Zigarette. Es riecht nach Erdbeeren und nach dem Grillzeug der Jugendlichen. Es läuft jetzt der Track *Every breath you take* in einer Reggae-Version.

Dampfwolke. Diesmal betrachte ich mich in den blauen

Gläsern einer Air-Force-Sonnenbrille. Ich sehe ein Arschloch. Ich werfe meine Flip-Flops ins Boot.

»Och, wie geil!« Timo klatscht in die Hände. »Komplementärfarben!« Er hält seine blau lackierten Fingernägel gegen das orangefarbene Boot. Ich denke an Massimo, der in der Bucht auf uns wartet. Hoffentlich lässt er die Bikini-Frau in Ruhe.

Während Timo rudert, befreie ich mich endlich. T-Shirt aus, Binder aus. Ich presse die Schwimmbrille auf meine Augenhöhlen, ziehe das Gummiband hinter den Kopf. Splatsch. Schwerelosigkeit, Abgeschiedenheit von der Welt, Losgelöstheit vom Körper. Ich schwimme Brust, kraule, bewege meine Arme hin und her und meine Brust existiert nicht mehr. Das Wasser ist kühl und erfrischend und fühlt sich verdammt gut an.

Während ich mich von der Sonne trocknen lasse, streichle ich verträumt über die Härchen, die an meinem Bauch sprießen. Timo dampft weiter. Sein pinker Haarkamm zieht Blicke auf sich – Ablenkungsmanöver, sagt Timo, damit andere Merkmale in den Hintergrund rücken.

»Gestern war der Dreh.« Timo arbeitet an seinem ersten Pornofilm als Regisseur, in dem Lissy mitspielt. Ich atme tief ein, solange ich das noch kann. Ich hoffe, dass wir mit dem Gespräch fertig sind, bevor wir uns wieder zu Massimo gesellen.

»Und wie ist es so hinter der Kamèra?«

»Super. Wie Müll entsorgen oder Wäsche waschen, man fühlt sich hinterher so wohl, wenn man endlich das geschafft hat, was man sich tage- oder wochenlang vorgenommen hat.«

Ich muss schmunzeln bei dem Gedanken an das Bild, das wir gerade abgeben: zwei erwachsene Männer, die sich über Flaumbart unterhalten und für die das Drehen eines Pornofilms so natürlich ist wie Wäsche waschen.

In der Bucht sitzt Massimo auf meinem Handtuch. Kaum habe ich das Boot festgebunden, kommt er mir entgegen. In seinen Augen sehe ich ein schelmisches Leuchten. »Ich hab seine Nummer!«

Diesmal kann ich nicht so tun, als hätte ich ihn verstanden. Massimo hält mir das Display seines Handys hin: »*The girl!* Sie hat mich seine Nummer gegeben!«

»Kannst du mir Sonnencreme drauftun?«

Ich bin überfordert. Die Frau hat Massimo ihre Telefonnummer gegeben? Und ich soll Timos Rücken eincremen?

Timo legt sich auf den Bauch und stützt erwartungsvoll das Kinn auf seine Hände. Grillen zirpen. Es riecht nach Pinien. Unauffällig schaue ich prüfend nach rechts, nach links, als würde ich zum ersten Mal an einem Joint ziehen. Ich gieße Sonnenmilch in meine Hand. Die glitschige Creme duftet. Timos Rücken ist warm. Berührung. Haut auf Haut. Timo seufzt. Ob Massimo uns beobachtet? Ob er Timos Brustnarben bemerkt hat?

Das Klopfen eines Spechts an einem Baum.

Die Creme lässt sich gut verteilen.

Massimo starrt auf den See.

Schilf bewegt sich im Wind.

Eine Fliege summt.

Eine Ente, auf einem Bein stehend, streicht sich mit dem Schnabel die patschnassen Flügel glatt.

»Ich muss gehen.« Massimo steht auf.

»Soll ich dich zurückbringen?«

»Ich kann mit dem Fuß laufen. Danke.« Er weicht meinem Blick aus. »*Ciao.*«

»War schön, dich kennenzulernen«, sage ich und verreibe den Rest der Sonnencreme auf meinem Arm.

Massimo nickt, allerdings mehr ratlos als zustimmend.

Plötzlich freue ich mich, dass ich trans* bin. Cis Männer arbeiten so hart daran, im Bezug aufeinander sexuell möglichst neutral zu wirken und es auf keinen Fall zuzulassen, wenn sie in Augenblicken der Berührung Genuss verspüren. Hatte ich zu viel Spaß dran? Hatte ich Tabugedanken? Mädchen sitzen Arm in Arm da und quatschen, schmusen, eng aneinandergedrückt. Körperkontakt vermittelt ein Gefühl von Ruhe und Geborgenheit. Vielleicht kennen das Väter mit einem schlafenden Baby auf dem Arm? Ziemlich früh schon dürfen Männer aber ihre Kinder nicht mehr streicheln oder küssen, während Mütter das mitunter immer noch bei ihren erwachsenen Söhnen und Töchtern tun. Für Männer wird das breite Spektrum platonischer Berührungen exklusiv auf eine Personengruppe – die der Frau – reduziert. Finde eine Partnerin oder verzichte auf menschliche Berührung, scheint das Motto zu sein. Sie werden in die Wüste geschickt, die einzige Quelle des Körperkontakts ist die sexuelle Sphäre. Um einander anzufassen, müssen Männer sonst auf Sport oder Schlägereien zurückgreifen.

»Was hat er denn?«, fragt Timo. »Gott gott gott, mein Gott.«

Ein Hund kommt angerannt und schnüffelt an meiner Tasche. Jemand pfeift ihn zurück.

Timo und ich sitzen mit angewinkelten Beinen nebeneinander. Das andere Seeufer wird von der Sonne beschienen. In der Nähe toben Kinder. Aaaaah! Platsch. Von einem Ast ist ein Junge im Wasser gelandet. Mit den Fingerspitzen entfernt Timo einen Grashalm von meinem Rücken. Es kitzelt. Wir schauen uns in die Sonnenbrillen. Ray-Ban gegen Royal Air Force.

»Ach Mist«, sagt Timo, »ich bin heute wieder ganz optimistisch drauf.« Er dampft an seiner E-Zigarette und streichelt sich durch den Bart. Die Schreie der Kinder werden nach und nach leiser, als würde ein DJ langsam einen Song ausblenden.

ERSTE MALE

An meinen ersten BH kann ich mich nicht wirklich erinnern. Ziemlich wahrscheinlich gehörte er zuerst meiner älteren Schwester und war ein einfaches Teil – damals gab es noch keine Push-ups für Zwölfjährige.

Anscheinend weiß jeder, wie schmerzhaft es ist, wenn Jungs einen Tritt zwischen die Beine bekommen. Als einmal in der Schule Pierre Dubois beim Fensteröffnen abrutschte und mit voller Wucht breitbeinig auf die Heizung knallte, eilten die Lehrerin und die ganze Klasse herbei, um ihn zu umsorgen. Doch niemand schien Mitgefühl dafür zu haben, dass mein heranwachsender Busen die ganze Zeit so weh tat, als würde ich ununterbrochen kleine Schläge darauf bekommen.

Für mich war es okay, einen BH zu tragen. Es war wie ein Schutz, eine Panzerung für die Brust. Nur, genau wie ein Ritter hätte auch ich für das Anlegen die Hilfe eines Knappen gut gebrauchen können, denn den Verschluss mit den vielen Haken am Rücken fand ich knifflig.

Das, was Jungs und Mädchen bisher voneinander unterschieden hatte, waren die Schulleistungen, Gummitwist oder Kreidespiele. Nun waren wir nicht mehr alle gleich. Die Jungs fingen an, lustbetonte oder abschätzige Blicke auf das zu werfen, was sich unter meinem T-Shirt abzeichnete, stellten Vergleiche mit den anderen Mädchen der Klasse an. Ludovic Bouteleux begann mich anzugrapschen. Ludovic war pockennarbig und schon fünfzehn, weil er zwei Mal sitzen geblieben war.

Das erste Mal geschah es auf dem Schulhof. Wir warteten in Zweierreihen auf die Lehrerin, und Ludovic machte sich an mich ran. Ich versuchte, mich zu wehren, und bedeckte meinen Oberkörper mit beiden Armen, aber Ludovic war stark und schnell, und meine BH-Rüstung ließ mich im Stich. Ich krümmte mich auf dem Boden, und die ganze Klasse versammelte sich um uns und feuerte Ludovic an, wie bei einer Prügelei, die es hier und da nach der Schule gab. Alle sahen hin, sahen zu, sahen weg. Wenn viele intervenieren können, so habe ich gehört, rührt sich oft kein Mensch. Jeder denkt sich: Wieso soll ich? Wieso nicht der? So lag ich in Embryostellung auf dem Schulhof, während Ludovic zwischen meinen Beinen herumgrapschte. Ob ich wollte oder nicht, ließ mich das sexuelle Erregung verspüren, und dafür schämte ich mich. Vielleicht rührte meine Erregung aber auch daher – ich weiß es nicht –, dass ich zu dieser Zeit schon verinnerlicht hatte, dass Jungs sich niemals so anfassen. Obwohl Ludovic derjenige war, der mich belästigte, war es insgeheim umgekehrt: Ludovic kam mit mir auf eine Art in Berührung, gegen die er sich sicherlich gewehrt hätte, wenn er gewusst hätte, dass ich eigentlich ein Junge war.

Das Gefühl der Hilflosigkeit und des Ausgeliefertseins, das ich dort auf dem Schulhof verspürte, kam mir bekannt vor. Mein Patenonkel Franco hatte als Bauarbeiter gearbeitet, seine Hände waren stark gewesen und konnten grob zupacken. Wenn er nicht schuftete, trank er Pastis und rauchte Gitanes Maïs. Waren wir bei ihm zu Besuch, packte er mich am Handgelenk, zog mich zu sich und zwang mich, auf seinem Schoß zu sitzen. Ich wehrte mich, aber es brachte nichts. Er war viel stärker als ich. Meine Großfamilie sah zu, lachend. Franco roch nach Anis und nach seinen gelben Kippen, die so dicht gedreht waren, dass sie, sobald er aufhörte daran zu ziehen, von alleine ausgingen.

Meine Großeltern hatten ihr Dorf auf Sizilien 1946 verlassen. Das Sonnenlicht, den Duft der Oliven- und Zitronenbäume, die Meeresluft, all das ließen sie hinter sich, um im regnerischen Norden Frankreichs Arbeit zu finden. Zunächst wurden sie am Standort Roubaix des staatlichen Stahlkonzerns eingesetzt. Tagsüber produzierten sie Roheisen und Flachstahl am Fließband, nachts schliefen sie in einer Gemeinschaftsunterkunft. *Les ritals, les macaronis,* die Itaker, die Spaghettifresser hatten ein ganzes Gebäude für sich. Wenn es regnete, tropfte es durch das Wellblechdach in den Schlafraum. Es gab damals Läden in Frankreich, in denen der Zutritt für Hunde und Italiener verboten war. Die immer gleichen Bewegungen, die unbequeme Haltung machten den Körper kaputt. Die toxischen Dämpfe in den Werken verursachten zum Teil schwere Krankheiten und Depressionen, Arbeitsunfälle mit Todesfolge waren keine Seltenheit.

Ihr erstes Kind nannten sie Joseph, ein französischer Name, um das Land, das ihnen eine Arbeit gab, zu würdigen. Mit sieben starb Joseph an einer Lungenentzündung. Da meine Großeltern kein Geld für einen Grabstein hatten, baute mein Nonno ihn selbst aus kleinen Mosaiksteinen. Es war Winter und es schneite und nach Feierabend legte mein Nonno bunte Mosaiksteinchen für seinen Sohn. Neben dem Grab, noch nicht einmal in einem Sarg, lag Joseph, sein Kind, sieben Jahre alt, auf der tiefgefrorenen Erde in ein Leichentuch gehüllt. Zur Beerdigung kamen mein Nonno, meine schwangere Nonna, meine Mutter, ihr kleiner Bruder Enzo – und alle anderen *macaronis* aus Roubaix. Später hat das Krankenhaus meinen Großeltern gesagt, dass Joseph bis zur Bestattung in der Leichenhalle hätte aufbewahrt werden können. Immer wenn meine Nonna das erzählt, bricht ihre Stimme: *Non ce l'hanno detto!* Das hatten sie uns nicht gesagt! Alle weiteren Kinder bekamen italienische Vornamen.

In den 1960er Jahren machten sich viele Italiener, die in den Fabriken, im Bergbau oder auf Bauernhöfen arbeiteten, selbstständig. Meine Großeltern verkauften zunächst italienische Spezialitäten in einem kleinen Laden und eröffneten dann im Mai 1968 – in dem Augenblick, in dem das ganze restliche Land vom Generalstreik lahmgelegt wurde – eine Pizzeria im Industrieviertel von Valenciennes. Es war der erste Pizzaladen in der Umgebung, und die Franzosen, die noch nie eine Pizza gesehen hatten, nannten sie *Tartes à la tomate* – Tomatenkuchen.

Meine Mutter war nun die Älteste von neun Geschwistern. Mit sechzehn, sobald die Schulpflicht für sie nicht mehr galt, begann sie in der Pizzeria ihrer Eltern zu arbeiten. Mit siebzehn rannte sie zur Polizei, nachdem ihr Vater sie blutig geschlagen hatte. Als ihre Mutter sie dort abholte, sagte sie den Polizisten, ihre Tochter sei die Treppe heruntergefallen. Meine Mutter unternahm einen Selbstmordversuch. Drei Tage lang lag sie im Koma. Als sie wieder aufwachte, zog man den Beatmungsschlauch aus ihrer Luftröhre und schädigte dabei ihre Stimmbänder. Ihr Vater weigerte sich, sie nach Südfrankreich in eine renommierte Logopädie-Praxis zu schicken. Er brauchte seine Tochter als Kellnerin in seinem Restaurant. Meine Mutter konnte nur noch flüstern. Wenn sie sich mit den Gästen nicht richtig verständigen konnte, schrieb sie auf ihren Notizblock. Ihre Stimme erholte sich nie wieder wirklich.

Auch an meinem Vater zogen die politischen Ereignisse im Mai '68 weitgehend unbemerkt vorbei. Er war gerade vom Militärdienst aus Französisch-Guyana zurückgekehrt und arbeitete in einem Elektro-Handwerksbetrieb. In der Mittagspause ging er gern mit seinen Kollegen in die Pizzeria nebenan. Einmal wollte er die leise Kellnerin mit den großen, braunen Augen zum Lachen bringen und bestellte ein *steak frites*. Die Kellnerin lachte. Der Gast war lustig, und alle sagten, er sehe aus wie Alain Delon. Die Kellnerin und der Gast verliebten sich. Und ein paar Jahre später sollte ich geboren werden.

1977 war das Jahr, in dem in Frankreich der letzte Mensch mit der Guillotine geköpft wurde, in der BRD erreichte der Terror der RAF seinen Höhepunkt, die DDR erließ einen Befehl zur Bekämpfung von Übersiedlungsersuchen, und in der Clinique du Parc in Saint-Saulve kam ich zur Welt. Erkennungsmerkmal: schwarze Augen und Löckchen.

Mein Vater gehörte nicht zur *Génération Mitterrand*, die 1981 enthusiastisch zum ersten Mal einen Sozialisten an die Macht wählte. Im Gegenteil: Für Politik interessierte sich mein Vater nicht die Bohne. Zentrum seines Lebens waren wir, seine vier Kinder.

Bis ich fünf war, lebten wir im elften Stock eines Hochhauses. Als Kind hieß das, schwer an den oberen Knopf im Fahrstuhl zu kommen, Gleichförmigkeit der Fenster, Wirrwarr aus Parabolantennen, Langeweile und fehlende Perspektiven, Gestank im Hausflur, wenn jemand mal wieder den Müllschlucker offen gelassen hatte. Meine Eltern bekamen dann einen guten Kredit und kauften ein Grundstück zwischen Autobahn und Schnellstraße zu einem günstigen Preis. Für den Hausbau waren sie auf die Unterstützung der ganzen Familie angewiesen, Maurer, Schreiner, Fliesenleger, Klempner. Kurz nach Beginn zerstritten sich alle – und das Haus wurde nie ganz fertig.

Jahrelang war mein Vater mein persönlicher Held. Er zerquetschte die Spinnen, die in unserem Schlafzimmer über die Wände kletterten, mähte den Rasen, er kochte, putzte, bügelte und massierte mir die Stirn, wenn ich Kopfschmerzen hatte. Später kaufte er mit mir BHs, betrachtete mich in der Anprobe mit prüfendem Blick.

Sonntags schnitt er uns die Fingernägel. Da ich Fingernägel kaute, hatte er bei mir in der Regel wenig Glück. Sonntags kochte er außerdem immer etwas Besonderes, Kaninchen an Senfsauce oder Ochsenzunge mit Essiggurken. An einem dieser Sonntage fand ich auf meinem Teller nicht geschmorte Nieren, wie auf allen anderen, sondern die abgeschnittenen Fingernägel meiner Geschwister. Und seine, dadurch erkennbar, dass sie größer waren. »Da du Fingernägel doch so gern isst«, erklärte mein Vater. Sie ekelten mich an. Aber ich musste zeigen, dass ich willig war, mich zu fügen. Glaubte mein Vater wirklich, ich würde meine Fingernägel *essen*? Wie bescheuert, dachte ich, während ich an den harten Keratin-Sichelchen knabberte. Ich war entsetzt und hatte Angst, also gehorchte ich, aber heimlich spuckte ich die fremden Stückchen aus.

Regelmäßig schottete sich mein Vater von uns ab, zog sich in sich selbst zurück und schwieg. Eine Stunde lang, einen Tag, einen Monat, einmal dauerte es den ganzen Sommer. Da wir in seinen Augen dann nicht mehr existierten, gab es keine Möglichkeit, ihn um Verzeihung zu bitten. Ich grübelte darüber nach, was ich falsch gemacht hatte. Hatte ich sein Kaninchen an Senfsauce nicht genug gelobt? Oder war mein Vater traurig, weil meine Schuhe nicht an der richtigen Stelle im Hausflur standen? Ich versuchte, mich möglichst unauffällig zu verhalten, um mein Versäumnis oder meinen vermeintlichen Fehler wiedergutzumachen. Erst spät erkannte ich, dass seine Wut über mich hinausging und dass es nicht in meiner Hand lag, alles »wieder gut« werden zu lassen.

Dann gab es Zeiten, in denen mein Vater viel scherzte oder Wortwitze machte, die meistens nur er verstand. Einmal lag ich auf meinem Bett und las *Asterix und Kleopatra*, als ich einen lauten Schrei hörte. Als ich in die Küche stürzte, sah ich, wie mein Vater vornübergebeugt seine Hand an der Spüle hochhielt. Sein Gesicht war schmerzverzerrt, das lange, scharfe Messer, das er zum Hähnchentranchieren benutzte, bohrte sich durch seine Hand. Ich pinkelte mir fast in die Hose vor Schreck. Plötzlich richtete er sich wieder auf, legte das Fleischmesser in zwei Teilen auf den Resopal-Tisch: zuerst die Klinge, dann den Griff, und grinste. Damals lernte ich auch, dass Humor nicht immer lustig ist.

Genauso wenig wie an meinen ersten BH kann ich mich an den Tag erinnern, an dem ich meine erste Periode bekam. Körperliche Veränderungen waren kein Thema, über das meine Mutter oder mein Vater mit uns sprach. Ich erinnere mich jedoch daran, dass Nathalie, meine große Schwester, ihre Regel schon hatte und sich nur darüber beklagte. Aber da sie mein Vorbild war, konnte ich es kaum erwarten, endlich auch meine zu bekommen. Nathalie sollte Recht behalten: Ich bekam Krämpfe im Unterleib, die dicken Binden waren ein Alptraum, und immer wenn ich in der Schule etwas an die Tafel schreiben musste, hatte ich Angst, dass auf meinem Hintern Blutflecken waren. Das wäre peinlicher gewesen, als wenn ich meinem Lehrer vor der ganzen Klasse ins Gesicht gekotzt hätte.

Ich verbrachte einen Großteil meiner Zeit zu Hause vor der Glotze. Anmachen, hinsetzen, gucken. Meine Geschwister und ich kommunizierten miteinander, indem wir uns um die Fernbedienung stritten, um das Lichtschwert von Luke Skywalker, das uns unanfechtbare Herrschaft über das Zappen gab. Abends saßen meine Eltern dabei und Papa bestimmte: Wir schauten *Wer ist hier der Boss?* und *Die Bill Cosby Show*. Wenn ich allein zu Hause war, las ich immer wieder dieselben paar

Comicbände von Asterix oder Lucky Luke, hörte meine Schallplatten von Madonna oder schlich mich ins Schlafzimmer meiner Eltern. Ich holte Boxershorts, ein Hemd, eine Hose, eine Krawatte aus dem Kleiderschrank. Mein Herz hämmerte. Bloß nicht erwischt werden. Was ich im Spiegel sah, gefiel mir noch nicht ganz. Der Gesamteindruck passte nicht. Wie auch? Die Kleidung war drei Nummern zu groß. Ich spürte eine Mischung aus Verzweiflung und Resignation.

Zu der Zeit lernte ich Julia kennen, eine deutsche Austauschschülerin aus Berlin, die bei der besten Freundin meiner Schwester wohnte. Julia hatte rot gefärbte Haare, einen Bundeswehrparka und Audiokassetten von den Ärzten. Ich summte *Buddy Holly's Brille* und *Geschwisterliebe* mit und hatte keine Ahnung, was sich hinter dem Text verbarg. Aber ab da war Berlin für mich ... Punk! Da wollte ich hin! Aber wie? Die Mauer war gerade gefallen. Während im Fernsehen Leute jubelten und mit Spitzhacken auf ein Mauerwerk schlugen, machte mein Vater Kreuzworträtsel. Meine Mutter war mit Pauken beschäftigt, um das Abitur an der Abendschule nachzuholen. Keiner von uns kapierte, was dieser Tag für eine historische Bedeutung hatte. Die Spechte, die gegen unsere Hausfassade trommelten, machten uns mehr zu schaffen. Die Vorstellung, dass ich später in Deutschland leben würde, war inexistent. Und die Erkenntnis, dass ich eigentlich ein Junge war, jenseits des Inexistenten.

Meine Schulleistungen begannen in den Keller abzurutschen. Das ruhige Kind, das immer die besten Noten bekommen hatte, verwandelte sich in einen düsteren Teenie in der pubertären Krise. Ich trug nur noch schwarze Klamotten, Totenkopfringe und schwieg. Nachts schlich ich mich aus meinem Zimmer. Die Party fing schon im Auto meiner Kumpels an, wir hörten New Beat und Grunge, während wir Koks oder billiges

Speed durch unsere Nasenlöcher zogen. In der Ferne am Himmel sahen wir die rotierenden Lichtbündel der Skybeamer. Wir fuhren über die Grenze nach Belgien, dort gab es die besseren Clubs, in *The Villa* oder *L'Extrême* schluckten wir Ecstasy und LSD, kleine Pillen, die mit Bart Simpson bedruckt waren.

Und auch die Erinnerung an mein erstes Mal Sex mit einem Jungen ist komplett verblasst. Als einer meiner Kumpels mir den *Steppenwolf* zum Lesen gab, verschoss ich mich in ihn. Ich war sechzehn. Er war ziemlich feminin, zumindest sah ich das so, sehr dünn und hatte lockige Haare. Wir waren auf einer Privatparty, ich hatte zu viel getrunken, und wir landeten in einem Schlafzimmer. Als ich am nächsten Morgen aufwachte, war ich nackt, aber ich konnte mich an nichts mehr erinnern. Ich kam nicht einmal auf die Idee, nachzufragen. Dann gab es noch ein anderes Mal, mit einem anderen Typen, seine Eltern saßen nebenan im Wohnzimmer, ich trug einen Rock und Strapse, es passierte sehr schnell, und vielleicht war das mein erstes Mal. Als ich siebzehn war, hatte ich Sex mit meinem ersten Freund. Hinterher meinte er, ich sei eigentlich Jungfrau gewesen. Er war überrascht und fragte, warum ich ihm das nicht früher gesagt hatte.

Weil ich es nicht wusste.

Aber war das wirklich mein erstes Mal?

Als sich Aurélie unserer Clique anschloss, war ich fasziniert. Sie hatte Simone de Beauvoir und Frantz Fanon gelesen, war Vegetarierin und boykottierte Coca-Cola. Einmal setzte sie sich unvermittelt rittlings auf meinen Schoß und biss mir leicht in die Wange. Das machte mich so scharf, dass mir Schauer über den Rücken, über den Nacken liefen. Ich hatte keine Ahnung, wie ich damit umgehen sollte. Erst Tage später fiel mir beim Kiffen auf, wie unglaublich gerne ich Sex mit Aurélie gehabt hätte – wäre ich ein Mann gewesen. Mir kam überhaupt nicht in den Sinn, dass ich als Frau mit ihr Sex haben könnte. Ich war bis über beide Ohren in sie verknallt, aber ich war ja nicht lesbisch.

Kaum hatte ich mein Abitur in der Tasche, ging ich nach Belgien, um Übersetzung zu studieren. In jenem Herbst 1994 erlebte der frankophone Teil Belgiens die größten studentischen Proteste seiner Geschichte, im ganzen Land demonstrierten Studierende, besetzten Gebäude, stellten Forderungen. Ich war siebzehn, lebte in einem Studentenwohnheim und tat das, was man macht, wenn man in einer hoch unpolitischen Familie groß geworden ist: Party! Ich bemühte mich, so viel Jupiler wie möglich zu saufen, und konnte noch Tüten bauen, wenn alle anderen schon richtig fertig waren, was mir einiges an Ruhm und Ehre einbrachte. Wenn die Jungs mich ärgerten oder mir blöd kamen, spuckte ich ihnen einfach Bier ins Gesicht.

Als ich mich für den Karneval von Binche als Mann mit Bart, mit einem Kopfkissen als Bierbauch verkleidete, fühlte ich mich zum ersten Mal in meinem Leben ganz bei mir selbst. »Ich finde … ich finde, dass Frauen … dass sie ganz schön sexy sind«, lallte ich einem Mitbewohner ins Ohr, der als Wonder Woman verkleidet war. Einige Tage später teilte er übermütig der ganzen WG beim Abendessen mit: »Wusstet ihr, dass Céline lesbisch ist?« Ich fühlte mich verraten. Und vor allem missverstanden. Lesbisch war ich nicht.

An den Wochenenden fuhr ich nach Hause, um in der Pizzeria meines Onkels Enzo zu arbeiten. Ich war keine gute Kellnerin. Ich konnte mir weder die Namen der Pizzen merken noch, wer sie bestellt hatte. Auch die Mehrere-Teller-Technik war mir ein völliges Rätsel. Beim Bestellen fragten die männlichen Gäste: »Steht die Kellnerin auch auf der Speisekarte?«

Dabei lachten sie selbstzufrieden, als wären sie die Ersten, die den Witz je gemacht hätten. Ich grinste, klar, wie möchten Sie sie denn haben: blutig oder durch? In der Stoßzeit, wenn sich das Restaurant schlagartig füllte, glühten meine Wangen, immer wieder brachen Korken in Weinflaschen ab, weil ich den Korkenzieher schief angesetzt hatte. Enzo nahm mir das nie übel. Wenn er mich schweißgebadet sah, schickte er mich hinter die Eistheke. Dort war es angenehm kühl, und während ich mich abmühte, mit dem Eisportionierer hartgefrorenes Vanilleeis aus einer Schüssel zu kratzen, um eine billige Version von Birne Helene zu zaubern, hatte ich meine Ruhe. Nachdem die letzten Gäste gegangen waren, weil sie es satthatten, *The best Italian songs* in Dauerschleife zu hören, servierte Enzo der ganzen Crew einen Bananensplit mit Schirmchen.

Unter der Woche arbeitete ich als Tellerwäscherin in einer Metzgerei. Vor der Eingangstür in der Fußgängerzone stand ein Plastik-Schwein mit Sabberlatz um den Hals und Besteck in den Klauen, das fröhlich seine Verwandtschaft anpries. »Was gibt es da zu kaufen?«, fragte Aurélie, »Papa-Pastete? Brüder-Ragout? Onkel-Hack?«

Als der Unistreik vorbei war und mein Studium endlich richtig losgehen konnte, hatte ich fünf Kilo zugenommen und stellte fest, dass es ziemlich schwer werden würde: Das Internet steckte noch in den Anfängen, Smartphones gab es noch nicht, ich hatte nicht einmal einen Rechner. Hausarbeiten schrieb ich mit der Hand, Wörterbücher und Nachschlagewerke gab es in der Bibliothek. Ich hatte mich in den Fächern Deutsch und Spanisch eingeschrieben, aber das Einzige, was ich auf Deutsch sagen konnte, waren die Punchlines: »Vati raucht die Pfeife« und »Mutti macht die Küche sauber« aus dem Schulbuch *Wir lernen Deutsch*. »Du bist in Deutsch eine Null?«, freute sich mein Opa. »Gut so! *Tu fais de la résistance!*« Und während meine Mitstudierenden zum Teil zweisprachig aufgewachsen waren, war ich in Spanisch völliger Anfänger.

Mir wurde schnell klar, dass meine Eltern nicht nur nicht die gleichen finanziellen Mittel wie die meiner Kumpels hatten, sondern mir auch sonst im Studium keine große Unterstützung sein würden. Als ich meinen Vater eines Tages bat, mir zu helfen, einen Text von Pierre Bourdieu zu verstehen, erklärte er mir, nachdem er keine zwei Zeilen vorgelesen hatte: *C'est du charabia!* Nur Kauderwelsch. Bourdieu. Studium. Bildung. Alles Quatsch. Ich wollte mich mit meinem Vater verbünden, also machten wir uns erst mal zusammen über Bourdieu lustig.

Wie es auch Didier Eribon in *Rückkehr nach Reims* beschreibt, wurde ich mit der Zeit immer wütender auf meine Eltern, weil sie waren, wie sie waren, und nicht die Gesprächspartner!nnen, die ich mir wünschte, oder die, die meine Kommiliton!nnen in ihren Eltern fanden. Mein Vater, der in Schlips und Kragen arbeitete, kannte sich weder mit Politik aus noch mit Geschichte oder Literatur. Wann auch immer Leute sich über das Weltgeschehen unterhielten, sagte er abfällig: *Discussions de comptoir!* »Keine Ahnung, aber eine Meinung!«

Später fand ich heraus, dass Bourdieus Text, der mir so lange verschlossen geblieben war, ausgerechnet den Habitus behandelt und die Mechanismen sozialer Ungleichheit: Abhängig von der Klasse, in der ein Mensch aufgewachsen ist, entwickelt er bestimmte Denk- und Verhaltensmuster, die er braucht, um dazugehören zu können, und die auch die Möglichkeiten und Grenzen seines Denkens und Handelns bestimmen. Mein Vater las keine Bücher. Er traute sich nicht zu, sich für Politik zu interessieren, weil es für ihn undenkbar war, oder zumindest schwer vorstellbar, irgendeine Art von politischem Einfluss zu haben. An der Uni lernte ich zum ersten Mal, was es heißt, korrekt zu sprechen. Da es unser Beruf sein würde, in unsere Muttersprache zu übersetzen, wurde Wert auf absolute grammatikalische Korrektheit gelegt. Mit einem Mal hörte ich zu Hause nur noch Sprachfehler. Ich begann, meine Mutter und meinen Vater zu korrigieren. *On ne dit pas »si j'aurais«. On ne dit pas »un« espèce de con mais »une« espèce de con!* Ich wollte, dass sie besser sprachen. Dass sie sich Mühe gaben.

Mit neunzehn hielt ich es nicht mehr aus. Ich setzte für zwei Semester aus und ging als Au-pair nach Berlin. »Hauptsache, du bringst uns keinen deutschen Mann mit nach Hause!«, sagte meine Oma zum Abschied. Heute würde ich ihr gern antworten: »*Mamé*, der deutsche Mann bin ich selbst geworden.«

Nun war ich in Berlin. Und ja, es war Punk! Graue Fassaden, Einschusslöcher und Dreck. Die Stadt war im Umbruch, alles schien möglich, auf dem Potsdamer Platz dirigierte Daniel Barenboim ein Kran-Ballett, und Frauen trugen ihr Haar kurz. Ob es die Stadt war oder die Entfernung von meiner Familie, aber in Berlin geriet ich irgendwann ins Grübeln. Vielleicht hatte Wonder Woman doch Recht gehabt. »Ich bin lesbisch«, sagte ich einmal zu meinem eigenen Spiegelbild. Ich wiederholte es, immer und immer wieder, »Ich bin lesbisch«, in der Hoffnung, dass es sich irgendwann richtig anfühlen würde.

I WILL SURVIVE

Berlin, den 7. November 1996

Hallo,

darf ich mich Ihnen vorstellen?

Ich heiße Céline und bin 19 Jahre alt. Vor sehr Kurzem habe ich verstanden, dass ich Frauen liebe. (Ich mag das Wort »lesbisch« nicht.) Mit einer Frau hatte ich nie Geschlechtsverkehr, noch habe ich eine Frau kennengelernt, die Frauen liebt. Am Anfang schämte ich mich dafür, dass ich zu Frauen neige. »Warum ich?«, habe ich mich gefragt. Ich wollte so sehr »normal« sein. Ich habe versucht, meine Neigungen zu blockieren, ich habe mich selbst belogen, ich habe viel geweint und oft. Bis heute habe ich mein »Problem« alleine gelebt. Aber ich muss mit meinem Bewusstsein endlich ehrlich sein.

Ich habe Ihre Adresse in einer Zeitung, der [030] – ist das der Name? –, gefunden. Sie bieten jeden Freitag ein Treffen an, habe ich gelesen.

Ich habe mich entschlossen, etwas für mein Leben zu tun. Ich schicke Ihnen diesen Brief, hoffend auf Mut. Geht es mir nicht gut, so einsam? Nein. Auf jeden Fall: nein. Das Leben ist nicht einfach, und wir müssen uns selbst Geschenke machen. Davon bin ich überzeugt! Aber ich bin schüchtern und wage es nicht, zu Ihnen zu kommen. Ich weiß, dass Sie gegen meine Schüchternheit nichts tun können, und ich bitte Sie auch nicht darum. Schön wäre es, wenn Sie mir einige Informationen über Ihre Treffen schicken würden.

Ich brauche nur eine kleine Hoffnung.
Nur ein bisschen Hoffnung bitte …
Vielen Dank im Vorhinein
Céline

Circa drei Wochen später kam der Brief zurück. Auf dem Umschlag stand der Vermerk: Adresse unbekannt. Ich ließ den Versuch, lesbisch zu sein, erst mal bleiben.

In Spanien passierte es dann – endlich. Ich verbrachte gerade sechs Monate als Au-pair in Madrid und hatte mir im schwul-lesbischen Viertel Chueca in einer Bar Mut angetrunken – ich war stockbesoffen –, als mich eine vierzig Jahre alte Butch mit blondiertem Bürstenschnitt und Jeans-Latzhose ansprach. Sie lockte mich in die Toilette, zog eine Linie auf dem Waschbecken und hielt mir ein kleines Metallrohr hin. Das Kokain lehnte ich ab. Ich wollte Sex. Ich fasste ihr zwischen die Beine und war kurz davor, vor angestauter Lust zu explodieren. »Sicher, dass es dein erstes Mal war?«, grinste sie, als sie hinterher die Träger ihrer Latzhose wieder zurechtzurrte. Ich hätte mein erstes Mal lieber in einem Bett aus Blumen gehabt statt inmitten von Uringestank und Alkohol. Aber es hatte sich richtig – und so heiß – angefühlt. Verliebt war ich immer noch in Aurélie – die allerdings immer noch hetera war.

Als ich mit dem Studium fertig war, zog ich endgültig nach Berlin. Das erste Mal in meinem Leben ging ich auf eine Lesben-Party. Ich brezelte mich auf, Rock und Schminke, lief mit klopfendem Herzen und tiefem Dekolleté eine Treppe hinunter, ringsherum grau betonierte Wände, der Bass der Musik. Die Butch an der Kasse musterte mich: »Ist dir klar, was das hier für ein Ort ist?« Ich war völlig perplex. Um mich herum sah ich Frauen mit Kurzhaarschnitt und Karo-Hemd. Dann verstand ich: Anscheinend war ich zu feminin für eine Lesbe.

Als mich Aurélie kurze Zeit später in Berlin besuchen kam, schnitt sie mir kurzerhand auf einer Silvesterparty die Haare ab – Silvester 2000! Meine langen Strähnen landeten auf dem Boden und erstarrten zu bizarren Formen, die ich anstelle von Bleistücken im Wasser zum Hellsehen verwendete: Der Start ins neue Jahrtausend versprach Leichtigkeit. Als die Korken um 0 Uhr knallten, küsste mich Aurélie auf den Mund. Mein Herz zündete eine Rakete. Wir küssten uns weit über Mitternacht hinaus. Wie lange hatte ich auf diesen Augenblick gewartet. Am nächsten Morgen erklärte sie mir: »Wenn ich nicht mit meinem Freund zusammen wäre …« Ich schwieg. Ich würde auf sie warten. Als Monate später ihr Freund Schluss machte, flüsterte sie: »Jetzt, du und ich … jetzt kennen wir uns zu gut … ich möchte unsere Freundschaft nicht aufs Spiel setzen.« Ich war 23, mein Herz zerrissen, und ich hatte noch nie eine richtige Liebesbeziehung gehabt.

Weil ich anfangs in Berlin kaum jemanden kannte, ging ich viel aus. Es gefiel mir in den Clubs, doch irgendwie kam ich mir wie ein Betrüger vor. Manchmal, weil ich schwule Männer genauso anguckte wie Lesben, manchmal, weil sich der Kurzhaarschnitt und das karierte Hemd anfühlten wie eine Uniform. Ich war jung und unsicher und auf der Suche. Ich hatte das starke Bedürfnis, irgendwo dazuzugehören. Eigentlich mochte ich lieber Femmes, also weibliche Lesben, aber die waren damals rar. Die meisten Frauen in der Lesbenszene hatten kurze Haare, trugen Tanktops und Handwerkerhosen. Oft hatte ich auf der Tanzfläche langen Blickkontakt mit einer, doch am Ende traute sich keine von uns, die andere anzusprechen, und ich ging alleine nach Hause.

An einem Samstag tanzte ich wie üblich und warf mir schon seit einer Weile mit einer Baby-Butch Blicke zu, war sie überhaupt schon achtzehn? Der Bass vibrierte heftig, mein Brustkorb zitterte im Rhythmus der Musik. In dem Moment, in dem ein Song in den nächsten überging, hielt sie mir eine Flasche hin. »Darf ich?«, sagte sie. »Mit Sprudel.« Ich war verblüfft. Ich wurde selten angesprochen, und dann lud mich diese Frau auch noch auf ein Mineralwasser ein – und nicht auf ein alkoholisches Getränk, um mich leichter in die Kiste zu kriegen. Das gefiel mir.

Patrizia – Pat – war drei Jahre jünger als ich, hatte aber schon mehrere Beziehungen gehabt. Es war aufregend für mich, endlich eine feste Freundin zu haben. Wenn wir zusammen auf der Straße unterwegs waren, gingen wir selten Hand in Hand. Wenn wir es doch taten, wandten sich uns alle Blicke zu, als wären wir die einzigen rot gekleideten Menschen in einer ansonsten komplett grauen Stadt. Alle, die nicht männlich, weiß und hetero sind, wissen das: Sich ständig mit fremden Blicken auseinanderzusetzen, sie zu ignorieren kostet Kraft und geistigen Freiraum. Pat hatte bereits gelernt, ihre Umgebung unauffällig zu überprüfen. Ging irgendeine Gefahr von den Menschen um sie herum aus, oder konnte sie sich entspannen? Diese Ablehnung, die potentielle Gewalt, die mir erspart geblieben war, solange ich noch als Heterofrau wahrgenommen worden war, trat plötzlich auch in mein Leben.

Pat hatte kurze Haare und trug als Tontechnik-Auszubildende meistens T-Shirt und eine Handwerkerhose, an der eine silberne Schlüsselkette hing. Ich wurde zur Futch, zu einer femininen Butch, trug wieder männliche Kleidung, wie damals in der Pubertät. Im Alltag war ich für die meisten Männer plötzlich unsichtbar. Sie nahmen mich schlichtweg nicht mehr als potentielle Flirtpartnerin wahr, was nicht ganz unangenehm war. Oder sie fragten mich bis ins kleinste Detail über lesbischen Sex aus, auch wenn wir uns kaum kannten. Von nicht-binären Menschen wurde ich solidarisch behandelt, mit

Lächeln und Freundlichkeit. Bei den Frauen konnten die Reaktionen grob in zwei Kategorien eingeteilt werden: Diejenigen, die entspannt mit mir umgingen, weil sie in mir keine Konkurrenz mehr sahen – oder weil sie auch bi oder lesbisch waren. Und diejenigen, die mit einem Mal unfreundlich zu mir waren, als würde ich eine Bedrohung für sie darstellen – für ihre Weiblichkeit und ihre Heterosexualität. Ich wurde gefragt, warum ich mich denn nicht bemühte, schön auszusehen. Ein Kollege schenkte mir eine Zigarre, ein anderer lud mich ein, mit ihm in den Puff zu gehen. Was ich versuchte. Für Frauen war der Zutritt aber verboten.

Der Paragraph 175, der bis 1994 galt und sexuelle Handlungen zwischen Männern unter Strafe stellte, verbot weibliche Homosexualität nicht. Aus einem ganz einfachen Grund: Man konnte sich weibliches Begehren grundsätzlich nicht vorstellen, schreibt Carolin Emcke. Was es nicht gibt, kann nicht als »entartet« oder als Bedrohung für den »gesunden Volkskörper« gewertet werden. Trotzdem wurden homosexuelle Frauen damals verfolgt, inhaftiert und ermordet – allerdings als Asoziale.

Weibliches Begehren wird meistens ignoriert, Frauen gelten höchstens als Objekt der Begierde. Bei maskulinen Lesben scheint es umgekehrt zu sein: Aber ihr Begehren stört. Unfreundlichkeit mussten Pat und ich in Kauf nehmen, weil wir uns außerhalb der weiblichen Norm bewegten.

Gemeinsam mit Pat ging ich zu meinem ersten Christopher Street Day. Bis jetzt hatte ich nur flüchtige Bilder davon im Fernsehen gesehen, bei meinen Großeltern, die abends Nachrichten guckten. »Haben in zwanzig Jahren auch die Zoophilen ihre eigene Parade?«, kommentierte mein Opa. »Und wann folgt dann die Kinderschänder-Pride?«, fügte meine Oma hinzu. Pat hatte sich ihre kurzen Haare türkisblau gefärbt. Während wir unsere Oberkörper und Gesichter mit silberner Farbe bemalten, auf die Wange eine Regenbogenfahne, tranken wir Sekt. Die Parade startete am Kurfürstendamm. Laute Techno-Musik, glitzerbunte Wagen, eine halbe Million Menschen. Ich sah die Kinder und Teenager, die mit ihren Eltern am Straßenrand standen, und ich freute mich für sie. Wenn sie selbst queer waren, würden sie lernen, sich liebenswert zu fühlen. Und wenn nicht, dann lernten sie, diejenigen, die queer waren, als liebenswert anzunehmen. Pat kannte die Organisatorinnen eines Frauenzentrums in Kreuzberg, die einen eigenen Wagen hatten und uns mit draufließen. So stand ich auf meiner ersten Pride mit nacktem, silbernem Oberkörper auf einem 3,5-t-Showtruck. Wir tranken den Sekt weiter direkt aus der Flasche, tanzten zu *I will survive*, sangen aus vollem Halse mit und bewarfen die Demo-Leute am Straßenrand mit Süßigkeiten. Ab einem gewissen Zeitpunkt habe ich einen Filmriss. Ich weiß nur, dass in der nächsten Ausgabe des Berliner schwul-lesbischen Magazins *Siegessäule* ein DIN-A4-Foto von Pat und mir erschien. Die Person, die es geknipst hatte, hatte den ersten Preis des Fotowettbewerbs gewonnen.

BABY-BÄR

»Zeigst du mir deinen Ausweis?«, fragt die Verkäuferin im Späti.

Ich mache ein fragendes Gesicht. Sie zeigt auf die Flasche Jägermeister, die ich an die Kasse gestellt habe.

»Bist du über 18?«, fragt die Frau ungeduldig.

Ich bin völlig perplex, obwohl ich es eigentlich hätte ahnen können: Es passiert trans* Männern sehr häufig, dass sie jünger geschätzt werden. Das weiche Gesicht mit dem zarten Flaum auf der Oberlippe – das wirkt jugendlich. Männer in meinem Alter haben normalerweise ein von Sonne und Sorgen gezeichnetes Gesicht, von den Jahren, den Rasuren, sie haben eine dickere Haut und Bartschatten. Anscheinend werde ich jetzt wohl als männlich angesehen, aber nicht als Mann, sondern als *junger* Mann, als ein pubertärer Junge auf dem Weg zum Erwachsensein, und noch dazu als femininer Junge, als junger Justin Bieber. Vielleicht trägt an diesem Tag auch mein Outfit dazu bei: Fußballtrikot irgendeiner Mannschaft, Baseball-Cap. Was früher an mir lesbisch aussah – oder einfach nur sportlich –, wirkt heute knabenhaft.

Die Kirschbäume blühen, die Eisdielen fahren ihre Rollläden wieder hoch. Am Hermannplatz setze ich mich in ein Café und genieße die Sonne. Ich trinke einen Espresso und blättere in der *ZEIT*. Ich merke, dass die anderen Gäste die Köpfe zusammenstecken, über mich tuscheln. Leute, die an mir vorbeigehen, drehen sich noch einmal nach mir um. In *Ohrfeige* beschreibt Abbas Khider die perfekte Tarnung: In München gewöhnt sich ein geflüchteter Mann aus dem Irak die Lektüre der *Süddeutschen Zeitung* an, um nicht aufzufallen. Sobald er in der *SZ* schmökert, kommt kein Polizist mehr auf die Idee, ihn nach seinem Ausweis zu fragen. Bei mir scheint das Gegenteil der Fall zu sein: Mit der Zeitung in der Hand falle ich auf. Die Rolle des wissbegierigen Intellektuellen passt nicht zu mir. Der kleine Bursche, versteht der überhaupt, was in dieser anspruchsvollen Zeitung steht? Und ist der nicht viel zu jung für einen starken Espresso?

Ich bin 38 Jahre alt und spüre eine totale Fehlverknüpfung zwischen Außenwahrnehmung und Selbstverständnis.

Neben mir sitzen zwei Menschen, die offensichtlich ihr erstes Date haben. Er fragt sie, ob sie lieber auf dem Land oder in der Großstadt leben würde und ob sie Frühaufsteherin ist, sie fragt, ob er sich später Haustiere wünscht. Ich denke an Carla. Wir haben uns auf dieser Ebene gar nicht kennengelernt. Einige sagen, dass heutzutage nicht mehr geflirtet wird. Die zwei am Nachbartisch beweisen das Gegenteil. Ihre Augen wandern zwischen Augen und Mund des Gegenübers hin und her, sie berührt ihn leicht am Unterarm – eindeutige Zeichen. Stellen sich Männer vielleicht manchmal einfach dumm? Kann ich mir nicht vorstellen. Sicherlich gibt es welche, die wirklich nicht mitbekommen, wenn eine Frau nicht will. Aber ich bin mir sicher, dass die meisten das Nein sehr wohl hören, dann aber glauben wollen, dass Frauen damit ja meinen. Also drängen sie ein bisschen. Lieber einen Schritt zu viel, denken sie, als aus Unsicherheit eine Gelegenheit zu verpassen. Ich denke an Alain-Xavier Wurst, der eine Szene beschreibt, in der er mit einem Kumpel eine Frau am Strand anspricht: »Sie guckt uns von unten an. Sie findet uns schon amüsant, aber sie hätte gern ihre

Ruhe, das ist spürbar. Wir labern sie trotzdem weiter an.« Es geht so weiter: »Ihr Tonfall ist nicht wirklich einladend. Sie lächelt nur halbherzig. Um uns abzukühlen, müsste sie sich jedoch mehr bemühen, so einfach lassen wir unser Jagdobjekt nicht entkommen.« Und am Ende guckt sie »nach rechts und links und fühlt sich offensichtlich von diesen zwei aufdringlichen Franzosen belästigt.« Der Kumpel fragt trotzdem »*Do you want to drink something with us?*« Weil sie nicht will, erklärt Wurst, dass das Ganze Zeitverschwendung gewesen sei und die Frau einfach nur humorlos.

Tatsächlich ist es nicht nur so, dass Frauen selten nein sagen, wenn sie ja meinen, es ist sogar so: Sie sagen manchmal ja, obwohl sie nein meinen, und zwar aus dem Grund, dass sie den Mann nicht kränken wollen. Es ist mir schon passiert, dass ich mich auf etwas eingelassen habe, was ich nicht wollte. Ich blieb freundlich, obwohl ich meine Ruhe wollte. Weil ich gemocht werden wollte, oder manchmal auch einfach weil ich Angst hatte.

Würde ich es merken, wenn Carla ja sagt, obwohl sie nein meint? Und wenn sie nein sagt und ja meint, würde ich ihre Signale dann verstehen? Frauen haben gelernt, dass sie keusch sein müssen – damit der Mann sich sicher sein kann, dass er der Vater des Kindes ist –, Frauen *dürfen* eigentlich gar nicht wirklich ja sagen. Also sagen sie lieber nein. Und er überredet ein bisschen, bis sie schließlich nachgibt. Manchmal habe ich nachgegeben, und hinterher galt ich als Schlampe. Und unter all dem, was Frauen wirkmächtig eingetrichtert wird, ist die Angst, eine Schlampe zu sein, besonders groß – es entspricht in etwa dem Schreckensbild von Männern, schwul zu sein. Auch groß ist allerdings die Angst von Frauen, der Mann könnte hinterher das Interesse verlieren, weil er lieber eine Frau gehabt hätte, die sich nicht so schnell hergibt. Es ist komplex. Aber eigentlich ganz einfach. Die Faustregel könnte sein: Beim Sex oder für die Liebe sollte man niemanden überreden müssen. Schließlich schaffen es lesbische Frauen auch zu flirten, ohne übergriffig zu werden.

Eine Person mit einem riesigen Rosenstrauß betritt das Café, nimmt Augenkontakt mit dem Kellner auf, um eine Verkaufserlaubnis einzuholen. Der Mann am Nachbartisch nickt ihm zu und wählt eine rote Rose aus. Die Frau schenkt ihrem Date einen intensiven Blick und wickelt eine Haarsträhne um den Finger.

Ich kann verstehen, wenn Männer sich Sorgen machen, dass sie das Ja nicht mitbekommen. Frauen dürfen ihr Interesse immer noch nicht so eindeutig mitteilen, wie das beim Kauf einer Rose geschieht. Und ich kann auch verstehen, wenn Männer Angst haben, dass sie das Nein nicht mitbekommen – und sie in die Nähe eines Vergewaltigers gerückt werden, auch wenn sie das keineswegs beabsichtigten. Damit Männer lernen, ein Ja von einem Nein zu unterscheiden, muss das Gegenüber mithelfen. Ja darf nicht heißen »Ich habe Angst, nein zu sagen«. Und nein darf nicht heißen »Eigentlich schon, aber ich will nicht als Schlampe gelten«. Nein heißt nein. Und ja heißt ja.

Ich sehe die beiden schon von Weitem. Karim und die gemeinsame Freundin Esma sitzen vor der Eisdiele auf dem Hermannplatz. Esma isst ein blaues Schlumpfeis, Karim trägt ein gelbes T-Shirt. Beide stehen auf, um mich zu begrüßen.

Ich glaube nicht an Liebe auf den ersten Blick. Aber hält Karim da gerade mein Herz in seiner Hand? Ein dichter Wimpernkranz umgibt seine dunklen Augen. Ich kann mich überhaupt nicht auf die Eissorten konzentrieren. Sobald ich irgendwelche Kugeln in der Waffel habe, setzen wir uns alle drei auf eine Bank. Esma setzt sich zwischen uns. Dabei ist der Platz neben Karim doch für mich bestimmt! Die Sonne scheint, seine Haare leuchten. Dieser Mann soll also bei mir einziehen.

Im ersten Stock des Neuen Kreuzberger Zentrums, eines riesigen 70er-Jahre-Baus, liegt ein schönes Café mit Terrasse. Es wird von linken, queeren und antifaschistischen Menschen besucht, von türkeistämmigen Deutschen, von Afrodeutschen, von weißen Deutschen und von allem, was es dazwischen und darüber hinaus gibt.

Oben auf der Terrasse treffen wir zufällig Lissy. Sie sitzt dort mit Aktivistinnen aus Ägypten und dem Libanon, die Karim auch kennt. Umarmungen, Rücken-Geklopfe, herzliche Begrüßungen. Ganz unerwartet macht sich ein Glücksgefühl in mir breit, das fast weh tut. Wir trinken Limo, Bier, Raki. Aliaa, eine Baby-Butch, die in einem Frauenzentrum in Kairo arbeitet, holt eine Runde Whisky. Die Sonne blendet, ein paar Wolken hängen am blauen Himmel, eine orangefarbene U-Bahn rattert auf der Brücke an uns vorüber.

»Dein Freund und Helfer«, grinst Lissy.

»Was meinst du?« Aliaa schwenkt ein Umhängeband, das sie bei einem Besuch der Abteilung der Berliner Polizei bekommen hat, die für homo- und transfeindliche Gewalt zuständig ist.

»Ach diese Buletten, diese Freakadellen, mit ihrer Uniform, aber ohne Glitzer«, sagt Lissy. »Bullen bleiben Bullen.«

Aliaa rollt mit den Augen.

»Es ist ziemlich gut, dass ihr dort spezielle Ansprechpartner habt.«

»Die Polizei ist ein repressiver Staatsapparat. Auch in Schland.«

»Bei uns schießen die Bullen mit echten Kugeln auf Demonstranten.« Aliaa betrachtet nachdenklich ihr halb leeres Glas Bier.

Karim sitzt mir gegenüber auf einem roten Polstersofa. Ich kann dem Drang nicht widerstehen, ihn immer wieder anzuschauen. Zwischen uns steht ein kleiner Tisch, der voll ist mit Gläsern, Tabak, Salzstangen. Karim redet wenig, er hat die Arme verschränkt, beobachtet das Geschehen. Ich frage mich, ob er als Maler alles vor seinem inneren Auge in ein Gemälde verwandelt. Ab und zu dreht er sich eine Zigarette. Seine Hände wirken massiv im Vergleich zur dünnen Kippe. Ab und zu trifft Karims Blick meinen, und ich lächle verlegen. Wie würde es sich wohl anfühlen, neben ihm zu sitzen und die Wärme seines Körpers zu spüren, seinen Arm an meinem, seinen Oberschenkel an meinem? Vielleicht habe ich einfach zu viel Raki getrunken.

Zu Hause wasche ich ab, werfe eine halb verschimmelte Aubergine weg, putze den Kühlschrank, räume das Wohnzimmer auf, rolle den Futon aus. Ich lebe seit 2002 in dieser Wohnung, die ersten Jahre gab es keine Heizung. Im Winter kroch ich mit Wärmflasche unter die Decke. Inzwischen steht gegenüber ein Haus mit riesigen Dachterrassen und teuren Lofts. Das Viertel hat sich in wenigen Jahren vollkommen verändert. Der türkische Frisör musste einer Kunstgalerie weichen, der Afro-Shop einem Bubble-Tea-Laden. Mir ist klar, dass ich Teil der Gentrifizierung bin, auch wenn ich schon so lange hier wohne.

Mein Schlafzimmer dient als Durchgang zum Bad, und ich überlege, ob ich meine Stofftiere vor Karim verstecken soll. Herr Frosch, das pinke Kamel, den kleinen Löwen. Als Kind hatte ich keine Kuscheltiere, nur einen Kopfkissenbezug als Schmusetuch. Manchmal brachte uns meine Mutter zu einer Ludothek, in der wir uns Spielzeug ausleihen durften. Aber seinen Teddybären nach vierzehn Tagen zurückgeben zu müssen war ziemlich traurig.

Kiwi flitzt über den Futon und stoppt direkt vor der Balkontür. Sie meint etwas gesehen zu haben, aber es ist nur ihr eigenes Spiegelbild. Ich teile ihr mit, dass wir für ein paar Tage Besuch bekommen.

Ich klicke mich durch Karims Facebook-Profil. Ich sehe Fotos von seinen Zeichnungen und von Aquarellen, auf denen Menschen explodieren. Durch die Leichtigkeit der Wasserfarben und die Grausamkeit des Todes entsteht ein Widerspruch, der mich ergreift. Ich sehe Schnappschüsse von ihm in verschiedenen Städten in verschiedenem Alter. Sein Gesicht ist mal jung, mal unbekümmert, mal schmal, mal mit Bart. Seine Augen lassen erkennen, dass er weiß, was Schmerzen bedeuten, aber auf eine sonderbare Weise schauen sie auch fröhlich.

Karim steht mit seinen zwei Gepäckstücken im Flur. Er bückt sich, streckt eine Hand aus und lässt sich von Kiwi beschnuppern. An seinen Fingern klebt ein bisschen lila Farbe.

»Möchtest du Tee?«, frage ich. »Oder Kaffee? Oder Wasser? Oder einen frisch gepressten Saft? Ich könnte einen Karottensaft mit Ingwer machen. Oder lieber ohne Ingwer?«

Ich möchte aufhören zu reden. »Kurz, knapp und bündig«, hat mir Lissy erklärt, »Raum einnehmen durch Wortkargheit. Das ist männlich.« Aber mein Hirn purzelt gerade einen steilen Abhang hinunter, und mein Körper muss sich der Geschwindigkeit anpassen und hinterherrennen, leider in Form eines Wortschwalls.

Als ich mit einer Kanne Früchtetee aus der Küche wiederkomme, steht Karim vor dem Bücherregal. Kiwi streicht mit ihrem Körper um seine Beine. »Normalerweise ist sie scheu«, sage ich. »Hast du Hunger?« Ich schaue ihn erwartungsvoll an.

»Danke. Aber ich habe gleich ein Date. Ich glaube, ich bin das neue Sextoy der schwulen Szene.«

HOCHZEIT

DU hattest gesagt, ich soll die Heringe zur Trauung mitbringen!

Die EHEringe, nicht die Heringe! Mann, meine Schwester heiratet, und du schleppst Fische an!

Ich drücke auf Pause. Auf dem Display erstarren mein Exfreund Stefan und ich im »Pärchenstreit«. Unser erster Team-Auftritt bei einem Poetry Slam. Berlin, 2004. Meine Tischnachbarin guckt mich an, als hätte ich ihr gerade Zitronensaft ins Gesicht gespritzt. Ich lege mein Smartphone neben das Kartoffelgratin. Was mache ich hier eigentlich gerade? Der Wein muss mir zu Kopf gestiegen sein, nur so kann ich mir erklären, dass ich dieses Video tatsächlich gerade wildfremden Menschen zeige.

Aber kurz zurückgespult: Ich bin auf der Hochzeit meines Exfreundes und sitze an einem Tisch mit lauter Menschen, die ich nicht kenne. Ich freue mich und bin gleichzeitig ziemlich nervös. Ich schaue mich um. Es sind sicher welche von unseren alten Slam-Kolleg!nnen hier. Und natürlich meine ehemalige Fast-Schwiegermutter. Weil ich nicht ganz alleine antanzen wollte, habe ich Christelle gebeten, mich zu begleiten, als Backup. Leider ist sie ziemlich kreativ und hat sich vorgenommen, als spontanes Hochzeitsgeschenk einen Audio-Mitschnitt zu machen, auf dem jeder einzelne Gast seine Glückwünsche übermittelt. Ich habe sie nicht mehr gesehen, seit wir den Festsaal betreten haben.

»Mahlzeit.«

Ich klopfe zweimal auf den Tisch. Alle lachen. Ausländer und Umgangssprache, passt nicht wirklich zusammen. Außerdem trinken wir erst Sekt.

»Woher kommst du?«, fragt ein Typ mit Sakko und Chucks.

Ich habe dieses Gespräch schon so oft geführt, dass es keine besondere Konzentration erfordert. »Aus Frankreich«, werde ich sagen. »Aus welcher Ecke?«, wird er nachhaken. Aus dem Norden. Aus der Bretagne? Nein, aus der Grenzregion zu Belgien. Ist das die Region der Sch'tis? Kannst du auch Sch'tis sprechen?

»Aus Frankreich.«

Chucks zieht eine Augenbraue hoch. »Nein«, sagt er, »ich meine ursprünglich?«

Ich bin verdutzt. Diese Frage höre ich zum ersten Mal.

«Aus Frankreich …?«, wiederhole ich unsicher.

«Aber aus dem Süden, oder?«

Wieder neu.

«Eigentlich aus dem Norden.«

»Ah, Frankreich, *la dolce vita*!«, wirft ein anderer Typ dazwischen, der stark nach dem Rexona-Deo riecht, das ich als Teenie trug. Merkt er nicht, dass *la dolce vita* italienisch ist? Es klingt sowieso eher wie »la deutsche vita«.

»Franzosen sind immer so gelassen.« Die Frau, die mir gegenübersitzt, strahlt mich an. Sie ist hübsch nach geltenden Standards und scheint sich dessen bewusst zu sein. »Du sprichst supergut Deutsch.«

Chucks schenkt sich neuen Sekt ein. Die Frau gegenüber spielt mit ihren Haaren und schaut immer wieder zu mir rüber. »Ich hab mal ein Praktikum in Paris gemacht«, sagt sie und strahlt wieder, als hätte ich um ihre Hand angehalten.

Ich bin jetzt schon müde von dem Gespräch. Meine Brust

habe ich wieder in den Binder geklemmt, er nimmt mir die Luft zum Atmen. Ich ziehe mein Sakko aus und hänge es über die Stuhllehne. Das Brautpaar gibt der Band Anweisungen, die gerade Kontrabass, Keyboard und Saxophon auf die Bühne tragen. Aus Boxen erklingt *Celebration* von Kool & The Gang. Ein paar Gäste vertreten sich auf der Tanzfläche die Beine, Kinder springen umher. Am anderen Ende des Festsaals erblicke ich Christelle. Ihr perfekter Dutt sitzt wie eine Krone auf ihrem Kopf. Konspirativ hält sie ihr Smartphone an den Mund einer Person, die mich mal kannte.

»Guckt mal, da drüben!«, sagt Chucks.

Die Braut trägt ein blaues Kleid mit schulterfreiem Dekolleté, Stefan einen Anzug mit Krawatte. Seine langen Dreadlocks sind ab. Als Stefan und ich zusammen waren, war er Rapper, heute entwickelt er Solaranlagen. Wir haben bisher nicht wirklich über meine Transition geredet. Ob das wohl irgendwas mit ihm macht?

»Das Buffet ist eröffnet!«, ruft das Brautpaar.

Das Buffet sieht fantastisch aus. Ich schaufle mir gerade irgendwas mit Himbeerdressing, Lachsplatte und Kartoffelgratin auf meinen Teller, als meine Fast-Schwiegermutter plötzlich neben mir steht. Sie schaut mich an, ohne mich zu erkennen. Soll ich mich ihr vorstellen? Komisch irgendwie, inkognito zu sein. Ich mochte sie immer gerne. Und sie mich auch, glaube ich. Sie trägt jetzt eine kleine Oma-Brille. Sie mustert mich nun und legt fragend die Stirn in Falten. Ob sie mich doch erkennt? Im Hintergrund singt Céline Dion den Song aus *Titanic*. Ennio Morricone würde die Szene besser untermalen. Ein Schuss ertönt in meinem Kopf. Mein früheres Ich liegt am Boden.

»Sie erkennen mich nicht, oder?«

Ihre Stirn runzelt sich noch mehr.

»Ich war Céline.«

Sie kneift die Augen hinter der Oma-Brille zusammen.

»Céline«, wiederhole ich, als hätte sie mich nur akustisch nicht verstanden. Die meisten trans* Menschen wollen auf keinen Fall mit ihrem früheren Vornamen konfrontiert werden, aber ich weiß nicht, wie ich mich ihr sonst vorstellen soll.

»Ich lebe jetzt als Mann.« Ich habe den Eindruck, dass sie sich lediglich nicht vorstellen konnte, wie ich nun mal aussehe.

»Schön … Und wie … wie haben deine Eltern reagiert?«

»Gut.« Ich beiße mir auf die Lippen. Hoffentlich werden sie gut reagieren, wenn sie davon erfahren.

»War das damals … wusstest du das damals schon?«

Ich erinnere mich, dass ich mich damals fühlte wie ein Girlfag, also wie ein bisexueller Mann, der als Frau gelesen wird. Ich träumte davon, als Mann mit einem Mann zusammen zu sein. Die Beziehung zu heterosexuellen Männern war damals das, was dem am nächsten kam. Nein, ihr Sohn ist nicht schwul. Ist das ihre Frage?

»Jein«, sage ich.

»Hey! … Jayrôme?«

Ein alter Slam-Kollege, der mal behauptet hat, den Erfolg als Poetry-Slammerin hätte ich nur, weil ich eine Frau sei, steht vor mir. Er hält einen vollgehäuften Teller, für ihn auf Brust-, für mich auf Augenhöhe. Er hat wohl von meiner Transition mitbekommen.

»Hey, wie geht's?«, frage ich. Statt des vollen Tellers hätte ich lieber einen Schutzschild in der Hand.

»Gut. Übermorgen fahr ich nach Peking zu 'nem Auftritt. Und im Herbst ist die Premiere meiner neuen Soloshow. Falls du Bock hast.«

Warum muss er seinen Erfolg auf beruflicher Ebene so hervorheben? Oder bin ich zur Konkurrenz für ihn geworden?

»Und bei dir so?«

»Alles gut so weit.« Es kommt mir nicht einmal in den Sinn, zu erwähnen, dass mittlerweile zwei Erzählbände von mir in Frankreich erschienen sind. Bei diesem Elevator-Pitch, bei dem es anscheinend darum ging, die andere Person innerhalb kürzester Zeit von sich selbst zu überzeugen, habe ich auf ganzer Linie versagt.

»Das ganze Buffet hier ist nichts für Veganer!« Meine Verehrerin knallt ihren Teller auf den Tisch. Sie bindet ihre Haare zu einem Pferdeschwanz. Das kenne ich. Essen mit offenem Haar nervt. Chucks und Rexona plumpsen auf ihre Stühle. Sie tragen jeder zwei Teller, von allem etwas.

»Ist doch wurst, wer Veganer ist«, kichert Chucks.

»Ist Stefan nicht Veganer?«, fragt meine Verehrerin.

»Vegetarier«, korrigiere ich.

»Ah, ich hätte gedacht, du bist ein Freund von Uljana. Woher kennst du Stefan?«

»Wollt ihr auch dem Brautpaar etwas wünschen?« Christelle steht am Tisch. Ich versuche, ihr durch Blickkontakt zu verstehen zu geben, dass sie mich retten soll.

»Ich fang einfach mal an«, sagt Rexona. »Genießt eure Flitterwochen in vollen Zügen!«

Nun habe ich das Diktiergerät vor dem Mund. Plötzlich bin ich tief gerührt. Stefan ist ein toller Mensch. »Stefan, weißt du noch, als ich dir mal gesagt habe, dass das Einzige, was ich an dir nicht mag, ist, wenn du nicht da bist? Deswegen wünsch ich euch nichts, denn ich weiß ja, hundertpro, dass eure Ehe eine glückliche, eine wunderschöne Ehe sein wird.«

»Und viele Kinderlein!«, kichert Chucks.

»Jayrôme, woher kennst du Stefan?«, fragt meine Verehrerin.

Ich kremple meine Ärmel hoch. Mir ist heiß, ich brauche

frische Luft. »Lange Geschichte …«, murmle ich. *Strangers in the night, exchanging glances, wond'ring in the night,* wirft Frank Sinatra von der Bühne aus ein. »Stefan und ich waren mal zusammen«, sage ich schließlich.

»Das gibt es nicht!«

»Du warst mal mit Stefan zusammen?«, fragt meine Verehrerin.

»Ist Stefan schwul?«, fragt Rexona.

»Wohl eher bisexuell«, sagt Chucks.

»Damals habe ich als Frau gelebt.«

Meine Verehrerin weiß plötzlich nicht mehr, wo sie hinschauen soll. Sie hat aufgehört, sich verführerisch durch die Haare zu fahren. Chucks rückt seine Krawatte zurecht. Genauso ruckartig schiebt er sein Glas über das Tischtuch, so dass es genau über seinem Teller steht, dann versucht er krampfhaft, Messer und Gabel parallel danebenzulegen, Krawatte, Glas, Besteck. »Total spannend«, sagt er. »Es gibt Menschen … es gibt Menschen, die haben einen langen dicken Stock im Arsch, die stehen vielleicht grade, hat aber nichts mit Rückgrat zu tun.«

Ich bin mir nicht sicher, ob ich verstehe, was er meint.

Rexona guckt neidisch. »Und ich bin einfach nur hetero, *fuck,* bin ich langweilig!«

Meine Exverehrerin holt eine Packung Menthol-Zigaretten aus ihrer Tasche. »Bist du eigentlich umoperiert?«

Alle schauen mich erwartungsvoll an.

»Schaut jetzt nicht alle da so hin!«, sagt Menthol mit Panik in der Stimme.

Jetzt heißt es, den Fußtritt mit dem Unterarm abzuwehren. Nichts wird mich davon abbringen, zu schweigen. Alle gucken verlegen zu Boden, Chucks ordnet immer noch hektisch sein Besteck.

»Und wie ist es … also so … ich meine … ich kann mir nicht vorstellen, wie das ist … jetzt ein Mann zu sein?«, fragt Menthol.

»Er darf jetzt breitbeinig sitzen«, sagt Rexona.

Jubel und Pfiffe erklingen. Die Hochzeitstorte wird hereingetragen. *Ice Ice Baby* ertönt es aus den Boxen. »Lass uns tanzen!«, brüllt Menthol und zieht Rexona am Arm. Er wehrt sich träge. Menthol brüllt mir ins Ohr: »Behalte dir das! Das ist gut!« Ich habe keine Ahnung, was sie meint, aber ich lächle ihr zu. Irgendwann steigen die ersten Klänge von *I've had the time of my life* auf, Jubel, die Braut zieht ihre Schuhe aus und stürmt los, plötzlich habe ich Sehnsucht nach Karim. Ich denke daran, wie er morgens vorsichtig durch mein Zimmer schleicht, um ins Bad zu gelangen, wie auf Samtpfoten – das erste Mal lag ich noch im Halbschlaf in meinem Bett und hielt das pinke Kamel im Arm. Daran, wie er konzentriert wie ein Kind mit Kiwi spielt, mit dem Federstab vor ihr hin- und herwedelt, so unbefangen und so süß, ich liebe es, wenn er sich anscheinend frei genug fühlt, um eine so tuntige Geste zu machen. Endlich, nachdem er sonst immer bemüht ist, so männlich zu wirken wie nur irgend möglich. Das lernt man schnell, wenn man in einem Land aufwächst, in dem Homosexuellen die Todesstrafe droht.

KRISE DER MÄNNLICHKEIT?

Am Himmel über uns kreist eine Möwe und fliegt der Sonne entgegen. Im letzten Moment wechselt sie den Kurs und lässt sich auf einer Fußgängerampel nieder.

»Wäre ich eine Möwe«, sagt Karim, während er den Ständer des Fahrrads ausklappt, das Kris ihm besorgt hat, »würde ich auch denken, Berlin liegt an der Küste. Die Luft riecht irgendwie so.«

Ich kette unsere Fahrräder zusammen. Als ich das Bügelschloss um die beiden Rahmen lege, schlägt mein Herz schneller, als wären es unsere Körper, die sich aneinanderdrückten.

Die Terrasse der Teestube ist erfüllt von Geplauder und Lachen. Karim nimmt an einem kleinen Tisch Platz, in dessen Mitte ein Geranientopf steht, und ich gehe hinein, um eine Speisekarte zu holen.

Drinnen riecht es nach Butter und heißem Eierkuchenteig. Das Testosteron kurbelt meinen Appetit an. Ich könnte den ganzen Tag nur essen. Als ich mich nach einer Bedienung umschaue, bemerke ich, dass das große Fenster neben der Tür mit einem Stein beworfen wurde. Genau in der Mitte ist die Scheibe zersprungen. Irgendwie sieht das schön aus, ein durchsichtiges, in der Luft hängendes Puzzle, das durch die Sonne zum Glitzern gebracht wird. Während ich das bewundere, nähert sich die Teestuben-Besitzerin. Sie mustert mich einen Augenblick, dann fragt sie: »Na, guckst du dir dein Werk an?«

»Und was hast du ihr geantwortet?«, fragt Karim, als ich mich mit zwei Speisekarten in der Hand wieder zu ihm setze.

»Ich habe mir einen Kräutertee bestellt. Und mir in der Leseecke ein Buch ausgesucht.«

Ich greife nach dem kleinen Blumentopf. Zu meiner Überraschung ist die Geranie echt. Ich studiere die Karte. Die Sonne blitzt durch die Äste der Linden. Eine Hornisse kommt angesummt.

»Still halten«, sagt Karim.

Das Buch liegt unberührt auf dem Tisch. Die Teestuben-Besitzerin geht mir nicht aus dem Kopf. Warum hatte sie den Eindruck, dass ich gefährlich bin? Und warum habe ich versucht, ihr zu zeigen, dass ich kein Randalierer bin? Dass sie keine Angst vor mir zu haben braucht? Vor einem Menschen wie mir, ich trinke doch Kräutertee und interessiere mich für Literatur! Wie beweist man, dass man nicht gefährlich ist?

»Wenn die Leute jetzt noch hören, dass ich Arabisch spreche …«, sagt Karim.

Ein Rosenverkäufer tritt an unseren Tisch und bietet seine Rosen an. Am liebsten würde ich eine Rose für Karim kaufen, aber ich traue mich nicht. Ein lautes Grollen ertönt. Ein Mann von der Stadtreinigung versucht, mit seinem Laubgebläse die Wiese von Blättern zu befreien. Er merkt nicht, dass die Natur ihm einen Streich spielt und hinter ihm immer neue Blätter vom Baum fallen.

»… dass wir Terroristen sind«, sagt Karim.

Am Tisch neben uns wird versucht, die Hornisse mit energischen Handbewegungen zu vertreiben. Das Pärchen teilt sich einen Eisbecher mit frischen Erdbeeren. Ich denke an meine französische Oma, die uns im Sommer immer Crêpes zum Abendbrot machte, mit Zimt und selbstgemachter Erdbeermarmelade. Wenn ich wollte, könnte ich jederzeit nach Frankreich fahren. Karim kann nicht mehr in sein Land zurück. Nicht nur, weil er schwul ist und ihm dort Gefängnis droht. Wer Asyl bekommt, riskiert durch eine Reise in sein Heimatland seinen Status. Karim hofft auf einen neuen Start in Deutschland. Und in Deutschland denkt man, er sei ein Terrorist.

»Lass uns gehen«, sagt er. »Dieser Laden hat dich nicht verdient.« Am liebsten würde ich diese Worte vor Dankbarkeit auf die Wangen küssen. Als wir die Teestube verlassen, lege ich das Buch möglichst auffällig in die Leseecke zurück, um der Besitzerin zu zeigen, dass ich es auf keinen Fall klauen will.

Wir laufen durch die staubige, trockene Straße. Ich schaue zur Ampel. Die Möwe ist verschwunden.

»Ich wünschte, ich wäre eine Möwe«, murmelt Karim.

»Um zu fliegen?«

»Nein. Um auf Menschen zu scheißen.«

Aus meinen Boxen kommt *Human* von Msoke, einem Freund aus der Schweiz. Der erste Reggae- und Dancehall-Sänger, der trans* ist. *We are who we are, human. I am who I am, human. And if you don't feel like, yes, just point at me.* Der Song gibt mir die Kraft, mir die Spritze selbst zu setzen. Ich habe den Eindruck, dass Kiwi im Rhythmus schnurrt. Ich ziehe das Präparat auf, klopfe zweimal gegen die Spritze, damit die Luftbläschen nach oben steigen, und male mit Edding ein Kreuz auf die Einstichstelle auf meiner rechten Pobacke, atme tief ein und aus, dann noch einmal ein und stecke die Spritze rein. Nun bin ich vollgepumpt mit Testosteron. Timo hat mich gebeten, ihm zu helfen, einen Kühlschrank abzuholen, den er gebraucht auf eBay ersteigert hat. Das kann wohl locker Gewichtstraining ersetzen.

Der eBay-Verkäufer wohnt im dritten Stock eines Neubaus in Alt-Rudow. Ein Mann, um die fünfzig, mit Tätowierungen und langen, grauen Haaren. Er riecht nach Schweiß und so stark nach Tabak, dass ich mich fast übergeben muss. Sein Flur ist mit *BILD*-Girls tapeziert, das Zeitungspapier ist vergilbt.

»Jedem Tierchen sein Pläsierchen«, sagt er, als er meinen Blick sieht. Dann räuspert er sich. »Irgendwie regen sich immer nur Frauen über so wat auf, die man jar nich im Tanga sehen möchte.«

Würdest du diesen Frauen tatsächlich begegnen, würdest du dir in die Hose scheißen, möchte ich erwidern. Kurzer Blickkontakt mit Timo. Lieber nett und ruhig verhalten. Der Typ ist stark. Ich will raus aus dieser Wohnung. Timo hat eine leicht verrostete Sackkarre mitgebracht. Die Sackkarre mag vielleicht für den Transport von Haustür zu Haustür nützlich sein, aber weniger im Treppenhaus. Timo und ich versuchen gemeinsam, den Kühlschrank in Richtung Wohnungstür zu bewegen. Das Monstermöbel ist allerdings größer als wir, mit seinem riesigen Gefrierfach.

»Geht schon, danke«, sagt Timo, als der Mann uns seine Hilfe anbietet.

»Ick hab Zeit, meine Tochter ist erst am Wochenende da, sie wohnt bei ihrer Mutter, sie ist elf …« Er grinst. »Meine Tochter, nicht die Mutter.«

Wie fühlt es sich wohl für das Mädchen an, durch einen Flur mit dreißig Frauen im Bikini zu laufen? Oder schaffen es Vater und Tochter, diesen Realitätsausschnitt zu verleugnen, die Bilder zwar wahrzunehmen, aber ihre wirkliche Bedeutung emotional und rational auszublenden?

»Kommt schon! Wenigstens die Treppe runter!«, sagt der Mann, »Dat Ding wiegt 200 Kilo.«

»Haben Sie Gaffa Tape?« Timo nimmt das Stromkabel in

die Hand, das lose herunterhängt. Nachdem er es am Gerät befestigt hat, kippt der Mann den Kühlschrank ein wenig nach vorne, damit Timo links und ich rechts unten anpacken können. Der Mann greift nach der Oberkante, und so machen wir uns auf den Weg durch das Treppenhaus.

»Seid ihr verheiratet?«

Ich hechele und röchele und kann es nicht fassen, dass jemand in dieser Situation noch sprechen kann. Miteinander?, denke ich. Der Mann meint es aber bestimmt anders. »Nein«, haucht Timo, und der Mann scheint sich zu freuen. »Jut. Jut!« Halt die Klappe, denke ich, jedes Ding zu seiner Zeit, aber er redet einfach weiter. Macht der beim Sex seine Einkaufsliste?

»Dann hast zu Hause Frau und Kinder sitzen und wat machste? Ick weeß, mir hat's irgendwann och nich mehr gereicht, mir unter dem Tisch einen runterzuholen. Aber Weiber wolln alle datselbe. Die schenken dir Fotzensaft, aber ziehn dich bis aufs letzte Hemd aus! Wenn ihr meinen Rat wollt: nich heiraten!«

Früher wäre ich auf die Barrikaden gegangen – wenn ich nicht gerade dabei gewesen wäre, einen Kühlschrank zu hieven. Aber vermutlich hätte er mir früher so etwas nicht erzählt, zumindest nicht auf diese Ich-bring-dir-was-übers-Leben-bei-Art. Ich bin mir ziemlich sicher, dass er mich und Timo für zwei junge Burschen hält, die noch recht wenig vom Leben gesehen haben. Trotzdem kann heute jeder Streit zu einer Schlägerei führen.

»Dann nimm lieber so 'ne junge Studentin, allet im lejalen Bereich.«

Blickkontakt mit Timo. Das Monstermöbel liegt endlich vor der Haustür auf der Sackkarre. Ich wische mir den Schweiß von der Stirn.

»Das entspricht nicht wirklich meiner Erfahrung«, sage ich

mit fester Stimme. »Die meisten Frauen, die ich kenne, sind unabhängig. Aber ich vermute, dass einige Männer Angst vor unabhängigen Frauen haben und daher versuchen, ihre Frauen kurzzuhalten.«

Der Mann schaut mich an, dann Timo, dann wieder mich, Timo. Er scheint perplex.

In den U-Bahn-Gängen riecht es nach Fett und Fleisch. Sonderangebot zur Eröffnung eines Dönerimbisses: 1,50 Euro, im Brot, mit Luftballons. Timo versucht, das Stück Gaffa Tape besser festzukleben. Plötzlich ein Windstoß, man kann die nächste Bahn schon fühlen, bevor sie da ist. Nun empfinde ich Mitleid für den eBay-Verkäufer. Vielleicht hat er tatsächlich Frauen in seinem Leben gehabt, die von ihm erwarteten, dass er der alleinige Familienernährer ist? Was ist der Punkt, wenn ich seine Lebenserfahrung ignoriere oder abstreite? Was hat er erlebt? Kindesentzug oder den Verlust des Sorgerechts anscheinend nicht. Zahlt er Unterhalt? Wahrscheinlich gibt es Elternteile, die sich darüber freuen, nach der Scheidung einfach Geld zu überweisen und die Verantwortung für das Kind im Alltag abzugeben. Aber viele sehen sich in so einer Situation als Milchkuh. Und dann auch noch kein Mitspracherecht bei Abtreibungen. Gehört der eBay-Verkäufer zu den Maskulinisten, die meinen: »Männer arbeiten, Frauen profitieren«? »Heirat kann Sie finanziell, gesundheitlich, gesellschaftlich und beruflich ruinieren!«, warnt die Interessengemeinschaft Antifeminismus auf ihrer Internetseite. Ob der eBay-Verkäufer vielleicht gar nicht gemerkt hat, dass Männer immer noch besser verdienen, sogar für ein und denselben Job mehr Geld bekommen als Frauen und fast alle einflussreichen Positionen in der Gesellschaft bekleiden?

Vielleicht habe ich einfach genauso wenige Frauen kennengelernt, die Männer wegen ihres Geldes lieben, wie der eBay-

Verkäufer unabhängige Frauen. Vielleicht ist er mit der Idee groß geworden, dass es Aufgabe der Männer ist, zur Arbeit zu gehen und seine Familie zu ernähren. Wenn Frauen zwischen den Alternativen »die Heilige« oder »die Hure« gefangen sind, welche Alternative haben denn Männer? »Der Krieger« oder »der Loser«?

Wer möchte ein Loser sein? Männer müssen in allen Beziehungen ein Krieger sein: Fels in der Brandung, Ritter, Prinz, der Mann, der die Frau rettet und beschützt und Spinnen zerquetscht, der sich zutiefst verantwortlich für die Frau und die Kinder in seinem Leben fühlt, der Schmerz hinnimmt, damit sie es nicht tun müssen. Der Herr, der alles schafft und alles allein schafft. Urlaub ist nicht drin.

Kann ich die *BILD*-Girls anders lesen als entweder sexistische Kackscheiße oder als Selbstermächtigung von Frauen? Gibt es eine Lesart, die besagt, dass Männer unter anderem solche Bilder produzieren – und dass ihnen solche Bilder angeboten werden –, damit sie den ganzen Rest aushalten, den Druck, die Einschränkungen, die emotionale und psychische Gewalt, die das Patriarchat ihnen aufzwingt? *BILD*-Girls als Trost sozusagen?

Sind die *BILD*-Girls nicht vielleicht ein zweischneidiges Schwert, auch für Männer? Geschlecht wird tagtäglich gemacht: Männer werden durch Plakate mit halbnackten Frauen ständig aufgefordert, Lust zu empfinden, sie werden daran erinnert, dass sie ausdauernd und potent – und heterosexuell – sein müssen. Trieb gilt als männlich. Im Umkehrschluss ist ein Mann kein Mann, wenn er nicht ständig erregt ist. Männer dürfen nicht nur begehren, sie *müssen* es auch tun.

Würde sich der eBay-Verkäufer darüber freuen zu erfahren, dass die klassische Rolle des Mannes als Beschützer und Alleinverdiener sich auflöst? Oder würde er das als Verlust seines

Status sehen? Was macht er eigentlich beruflich? Hat er eine prekäre Beschäftigung im Dienstleistungssektor? Einen Teilzeitjob in der Schwerindustrie? Ist er arbeitslos? Sozialhilfeempfänger? Für die Jobs in der neuen Wissens- und Kommunikationsindustrie sind Frauen genauso gut gerüstet. Zum Teil sogar besser: soziale Kompetenz, Empathie und Teamfähigkeit sind zunehmend gefragt. Hat er Angst, ins Abseits katapultiert zu werden? Es heißt, die »Männlichkeit« sei im Wandel. Dass eine Form der Männlichkeit immer erfolgreicher wird, die geschlechtsflexibel ist und in bestimmten Kontexten den Feminismus durchaus integriert hat. Männer, die Verletzlichkeit und Zärtlichkeit zeigen können, und Männer, die nicht denken: »Entweder ficke ich dich oder ich töte dich.«

Und dann gibt es neokonservative Gruppen wie die Alternative für Deutschland oder die Identitäre Bewegung, die überhaupt nicht wissen, an welche »Männlichkeit« sie noch glauben sollen: Auf der einen Seite ist ihre größte Angst, dass ihre »weißen, deutschen Frauen« Opfer von »Migrantengewalt« und »Ausländerkriminalität« werden. Sie warnen leidenschaftlich vor der »Rückständigkeit des Islam«. Im gleichen Atemzug wollen ausgerechnet diese Gruppen zurück zu traditionellen Geschlechterrollen: Die Frau soll in erster Linie »Mutter« sein, Kitas sind Teufelszeug, der Equal Pay Day, der auf die Unterschiede von Löhnen zwischen Männern und Frauen hinweist, ist ein abzuschaffendes »Propagandainstrument«, Quotenregelungen für Frauen gehören schleunigst abgeschafft. Haben sie Angst, dass sie künftig statt Baseballschlägern das Nudelholz schwingen müssen? Vielleicht ist die AfD sauer auf muslimische Männer, aus Neid, weil diese das »hinkriegen«, was ihnen entgleitet: die Kontrolle über ihre Frauen?

Wenn wir über die »Krise der Männlichkeit« reden, über welche Männlichkeit reden wir denn dann? Über den »weißen

Neonazi«? Den »migrantischen Mann«? Den »Hipster«? Den »Schwulen«? Den »Hausmann«? Den »Softie«? Ist das Patriarchat wirklich ein Erfolgsmodell? Ein Modell, das seit Langem andauert, ja. Aber eine verschleppte Krankheit dauert auch an.

Die U-Bahn fährt ein. Es windet und lärmt.

MALE BONDING

Im ICE habe ich einen Platz an einem Vierer-Tisch. Ich fülle die Lücke wie ein Tetris-Baustein. Ich bin auf dem Weg nach Dresden, um das Deutsche Hygiene-Museum zu besuchen. Die drei Männer, die um mich herum sitzen, unterhalten sich auf Englisch. Aus ihrem Gespräch ist zu schließen, dass sie Textilhersteller sind und gerade von einer Textilmesse kommen. Ich würde sie gern fragen, warum Männer diese impliziten Verbote in Bezug auf ihre Kleiderordnung haben: keine Röcke, kein Rosa, kein Glitzer, nichts Enges, nichts Buntes, keine High Heels. Ich klappe die MISSY auf und versuche, mich auf das Lesen zu konzentrieren. Aber das Geschwätz meiner Sitznachbarn wickelt sich wie eine Hundeleine um meine Beine, keine Chance, dem zu entkommen. Die Messe trug anscheinend den Titel »Fair Handeln: die Messe für Fair Trade und globalverantwortungsvolles Handeln«. Ich nehme mir einen Minz-Kaugummi.

»*Is this train going to Dresden*?«, fragt mich plötzlich der Mann, der mir schräg gegenübersitzt.

»*I hope so.*« Ich grinse. Das Fenster an seiner Seite wurde offensichtlich lange nicht mehr geputzt, und draußen ist die Landschaft grau und staubig. Der Textilhersteller scheint sehr an seinem marineblauen Sakko zu hängen und versucht, das Glas nicht mit seinem Ärmel zu berühren.

»*Where do you come from?*«

Gern würde ich ihnen die Wahrheit sagen: Ich bin aus der Schnellstraße D75 und der Autobahn E19. Ich bin aus den Rissen in der Wand eines Hauses, das nie fertig wurde. Aus dem kleinen Zeh meiner Mutter, den ihr mein Vater bei einem Streit gebrochen hat. Ich bin aus ihrem Suizidversuch und auch aus dem von ihm.

»From France. But I live in Germany.«

Mein Sitznachbar räuspert sich: *»Where can we have fun in Dresden?«*

Ich überlege kurz, welches Theater ich empfehlen kann oder welche Kneipe oder Club und stelle fest, dass ich Dresden kaum kenne. Die drei schauen mich an. Tiefe, funkelnde Blicke, verschwörerischer Augenaufschlag. Wahrscheinlich kommt es ihnen so vor, als würden sie gerade Pailletten vor die Säue werfen. Denn ich kapiere gar nichts … Kneipe, Theater … was interessiert sie denn so? Oder möchten sie lieber ins Kino? Plötzlich – vielleicht durch eine unerwartete Schwingung des Zuges, eine Vibration, die meinen gesamten Körper durchdringt – fällt der Groschen. Ich dachte, ihre Frage nach dem *fun* sei so unklar wie das Fenster, aber eigentlich ist sie so dreckig. Das Rotlichtviertel. Dort wollen sie Spaß haben. Draußen thronen Elstern auf der Stromleitung und ziehen vorbei, ohne sich zu bewegen. Ich muss an den Ort denken, von dem die drei Männer gerade kommen. *Fair Handeln: die Messe für globalverantwortungsvolles Handeln.*

Nicht, dass ich etwas gegen Sexarbeit hätte. Ganz im Gegenteil. »Wir müssen aufhören, uns für Prostitution zu schämen«, sagt Lissy immer. Seit Jahren setzt sie sich für den Abbau des Stigmas ein, sowohl von Huren als auch von Freiern. Nur: Nicht alle Menschen können sexuelle Dienstleistungen gleichermaßen in Anspruch nehmen. Wann kommen Frauen auf die Idee, sich eine Hure zu holen? Wenn cis Frauen über Sexarbeit nachdenken, dann wohl meistens über Zwangsprostitution. Oder sie überlegen, ob sie »dafür oder dagegen« sind, also: Ist Prostitution moralisch vertretbar? Dürfen Frauen ihre Körper verkaufen? Dabei übersehen sie, dass der Körper nicht »verkauft« wird. Es wird schließlich eine Dienstleistung angeboten, die Spaß machen kann. Die dritte Möglichkeit ist, dass Frauen überlegen, ob sie vielleicht in die Branche einsteigen sollten. In den allerseltensten Fällen sehen sie sich als potentielle Kundinnen. Und wenn doch, ist das passende Angebot sehr begrenzt. Männer-Huren sind für Heteras ziemlich rar. Und Lesben werden in viele Bordelle erst gar nicht reingelassen. Marktlücke? Natürlich gibt es in Berlin eine kleine Escort-Service-Agentur für lesbische Frauen. Aber das ist eher die Ausnahme. Was ist mit allen anderen, die keine Lust auf Zweigeschlechterordnung haben oder die – wie Lissy sagt – »asexualisiert« werden, weil sie eine Behinderung haben?

Der Zug rüttelt uns gerade. Ich habe Lust, eine Kaugummiblase zu machen. Die drei Textilhersteller erzählen mir, dass sie nur Biobaumwolle verwenden und sich aktiv für angemessene Löhne einsetzen. Und für eine Verbesserung der Arbeitsbedingungen, weil die Situation in Pakistan verheerend ist, insbesondere für Frauen und Kinder.

Hinterm Fenster wird stumm die Elstern-Partitur gespielt. Ich denke an das sogenannte Prostituiertenschutzgesetz in Deutschland, dessen Verabschiedung sich für viele Sexarbeiter!nnen wie ein Schlag ins Gesicht anfühlte: Anmeldepflicht für Huren, Erlaubnispflicht für Bordellbetreiber!nnen, strenge Sicherheitsauflagen, die zum Teil einen Umbau nach sich ziehen – all das könnte das Aus für kleinere Bordellbetriebe bedeuten. Und dann die Kondompflicht mit bis zu 50 000 Euro Strafe für die, die sich nicht daran halten. Soll die Polizei nach gebrauchten Kondomen suchen? Das Gesetz ist, um es mit

Michel Foucault auszudrücken, die Disziplinierung des nackten Körpers durch die Bio-Macht. Schlichtweg eine verstärkte Regulierung der Bevölkerung in Sachen Sexualität.

Gleichzeitig arbeiten andere in stickigen Räumen für einen Mindestlohn, der kaum zum Leben reicht, und atmen Staub und Chemikalien ein. Wer glaubt, Prostituierte würden ihren Körper verkaufen, Fabrikarbeiter!nnen aber nicht, hat eine komische Einstellung zur Arbeit, und zwar eine, die ganz schön von der eigenen gehemmten Einstellung zur Sexualität getrübt ist.

Ich habe keine Lust, dieses Gespräch mit den drei Männern zu führen. Ich klappe den im Tisch integrierten Mülleimer auf und lasse meinen Kaugummi reinfallen. Am liebsten würde ich Lippenbalsam auftragen und geräuschvoll mit den Lippen schnalzen.

Der Zug kommt mit einem Zischen und Quietschen zum Stehen. Bevor wir in Dresden aussteigen, geben die drei Männer mir ihre Visitenkarte. Einer kritzelt noch schnell darauf: *The guy in the blue jacket*. Ich überlege kurz, ob sich dahinter erneut eine Botschaft verbirgt, die mir entgeht. Er streckt den Arm aus, um mir die Hand zu schütteln, kurz und fest. Ich spüre etwas Warmes, etwas Verbindliches in diesem Händedruck. Männliche Bindung im Gegensatz zur männlichen Aggression: Ich will dir nichts Böses, ich will dich nicht töten. Es fühlt sich so an wie die sofortige Aufnahme in eine Kameradschaft, die sehr altehrwürdig ist. Männliche Bindung ist mächtig und machtvoll, und diese Männer scheinen sie verinnerlicht zu haben. Sie wird in Kriegsheeren, in der Politik, in der Wirtschaft, in religiösen Strukturen, in Sportvereinen, Männerbünden, Brüderschaften, Seilschaften, in Geheimbünden, beim Angeln, beim Jagen, bei Autorennen, beim Camping, in Casinos, beim Trinken, in Clubs, in Bordellen oder in der schwulen Subkultur praktiziert. Männliche Bindung geht weit darüber hinaus, dass Männer gemeinsame Interessen haben. Männer unterstützen sich gegenseitig, weil sie davon ausgehen, dass sie einander nützlich sein können. Schließlich bekleiden sie praktisch alle einflussreichen Positionen in der Gesellschaft, und sie verdienen das meiste Geld. Und auch wenn sie sonst nichts anderes vereint, finden Männer immer noch ihren kleinsten gemeinsamen Nenner: Sex. Zoten verbinden. Ziemlich sicher könnte ich – wenn ich denn wollte – mit den drei Textilherstellern ins Bordell gehen und dort einen ganz schön lustigen Männerabend verbringen, obwohl wir uns gar nicht kennen.

In Dresden habe ich mir ein Zimmer in einer kleinen Pension genommen. Es riecht nach Desinfektionsmittel und Zwiebelsuppe. Draußen ist es kühl und regnerisch. Ich hoffe, im Badezimmer eine Wanne vorzufinden. Leider ist dort nur eine Duschkabine mit einer Glastür voller Kalkflecken. Ich packe die Seife, das kleine Shampoo-Pröbchen und Himbeer-Body-Lotion, klemme mir meinen rosa-glitzernden Kulturbeutel und den Bademantel unter den Arm und mache mich auf in Richtung Rezeption. Auf der Homepage steht, dass es eine Sauna gibt.

An der Rezeption seufzt die Pensionsbesitzerin, während sie in die Tastatur tippt. Ich solle einfach runter in den Keller gehen und die Sauna selber einschalten, ich würde das schon finden und sehen, wo was ist, man habe jetzt keine Zeit, mir das zu zeigen. Sie scheint pikiert, als wäre ich im Bademantel durch die Lobby marschiert. Meine Lust auf Sauna ist mir vergangen. Zudem habe ich, ehrlich gesagt, keine Ahnung, wo ich dort was wie anschalten muss. Eine sonderlich ausgeprägte Tradition hat das organisierte Schwitzen in Frankreich nicht. Wer weiß, was ich da alles falsch machen kann? Ich will nicht am Aufguss ersticken und die Sauna lahmlegen.

»Kein Problem. Können Sie mir sagen, wo ich morgen das Frühstück finde?« Im Vorfeld habe ich per E-Mail mit ihr vereinbart, dass ich mir bereits um 7:50 einen Kaffee holen kann – offizieller Frühstücksbeginn ist 8 Uhr, aber mein Zug fährt bereits um 8:48 ab. Die Frau rollt die Augen zum Himmel. Ich solle doch lieber woanders frühstücken, man könne ja nicht einfach zehn Minuten früher das Frühstück bereitstellen, im Bahnhof gebe es Frühstück ab 6 Uhr, wenn es denn so wichtig für mich sei.

Ich bin müde und möchte nicht diskutieren. Vielleicht ist das die sächsische Art? Ich sehne mich nach einer Umgangsform, die nicht Distanz schafft, sondern die dafür sorgt, dass sich das Gegenüber wohl fühlt. Ich blättere im Gästebuch und lese erstaunt – und etwas neidisch –, wie toll alle Gäste ihren Aufenthalt in der Pension fanden. Was ist denn falsch mit mir?

Ich esse noch schnell ein paar Nüsse aus der Minibar. Nachts im Bett werfe ich mich hin und her. Das Bettlaken erzeugt statische Elektrizität, und ich traue mich nicht, an der Rezeption nach einem anderen zu fragen. Ich habe keine Ahnung, warum diese Frau so unfreundlich war. Wäre ich nach dem Museum doch bloß direkt zurück nach Berlin gefahren. Ich vermisse Kiwi, die unter meine Decke kriecht und an meinen Bauch gekuschelt schläft.

Am nächsten Morgen warte ich ungeduldig und stehe um Punkt 8 Uhr im Frühstücksraum. Ich kippe gerade meinen Kaffee herunter, als ein Pärchen in den Frühstücksraum spaziert. Während sie sich vom Buffet Obst und Käse nimmt, erledigt er etwas – vermutlich bezahlt er die Rechnung. Er streckt eine Karte aus, die Pensionsbesitzerin hält ein Kreditkartengerät in der Hand. »Ihre Visa-Karte ist aber hübsch!«, sagt sie und strahlt.

Ich verschlucke mich fast an meinem Espresso. Wie unglaublich schön muss diese Bankkarte denn sein, um der Besitzerin so ein Lächeln zu entlocken?

»Einen schönen Tag noch!«, trällert die Pensionsbesitzerin hinterher. Breites Lächeln.

Mein Blut kocht, und ich kann nicht anders. »Schön zu sehen, dass Sie auch lächeln können.«

»Was meinen Sie?«

Ich muss zugeben, dass ich nicht wirklich eine Antwort erwartet habe. Ich versuche, ihr zu erklären, wie unfreundlich sie zu mir war, doch nach ein paar Worten werde ich unterbrochen. Sie wisse nicht, was ich meine, irgendwas werde schon gewesen sein, sie habe nun keine Zeit, sich stundenlang mit mir zu unterhalten, die Pension sei kein 5-Sterne-Hotel, sie sei sachlich und höflich gewesen, man könne ja nicht ununterbrochen lächeln, das ginge einfach nicht, denn ihr Mann sei vor vier Wochen gestorben und deswegen gehe das nicht.

»Mein Beileid«, sage ich und ich meine es wirklich. »Ich hoffe, dass Sie Ihre Trauer …«

»Geschenkt!«, antwortet sie mit strenger Miene. Nun fühle ich mich schuldig, obwohl ich nichts getan habe. Außerdem habe ich es eilig, also kann *ich* mich nicht stundenlang unterhalten. Wie sie den Spieß umdreht! Die Frau hält mir die Rechnung hin. 90 Euro, das ist mehr, als ich ausgerechnet hatte. Seufzen, das sei richtig so, man habe keine Zeit, zu diskutieren.

»Nun unterschreiben Sie bitte einfach, Herr Robinet!«

»Darf ich noch einmal fragen, wie diese Summe zustande gekommen ist?«

Erneutes Seufzen, man müsse die Zimmer fertig machen, ich solle die Anmeldung einfach unterschreiben.

Diesmal lasse ich mich nicht abservieren. Wenn es sein muss, nehme ich den nächsten Zug. Ein Taschenrechner wird gezückt, rasch getippt, um mir zu beweisen … dass sie tatsächlich einen Fehler gemacht hat!

»Man kann sich ja wohl mal irren!«, sagt sie. Kein Ton des Bedauerns in ihrer Stimme.

Was zum Teufel hat die Pensionsbesitzerin gegen mich? Fragt sie sich wie die Teestuben-Besitzerin, was ich wohl im Schilde führe? Passt die Rolle des anständigen Hotel-Besuchers nicht zu mir?

WILLKOMMEN BEI DEN SCH'TIS

Mein Handy klingelt. Ich starre auf das Display. Ich kann unmöglich rangehen. Der Name, kein Name: *Maman.*

Ist was passiert? Meine Mutter ruft mich so gut wie nie an. Geschweige denn auf dem Handy. Auslandsverbindung. Zu teuer. Das Ding klingelt weiter in meiner Hand. Soll ich drangehen und im schrillen Sopran sprechen, um meine tiefe Stimme zu verbergen? Humor ist nicht immer lustig.

Auf der Mailbox klingt die Stimme meiner Mutter rau und heiser: »Kannst du mich zurückrufen?« Nein. Das kann ich nicht. Am besten schicke ich ihr eine SMS. Bin beschäftigt. Sie soll mir schreiben, was los ist. Das ist auf jeden Fall glaubwürdiger, beschließe ich, als wenn eine männliche Stimme am Telefon behauptet, sie sei ihre Tochter. Mein Handy vibriert, die Antwort lässt nicht lange auf sich warten. »Enzo ist tot. Samstag ist die Beerdigung.«

Nein … Enzo … Mein Onkel …

Ich muss mich setzen. Kiwi gibt mir vom Tisch aus mit der Pfote kleine Kopfnüsse, als würde sie etwas spüren. Enzos Hände waren so breit und die Haut so dick, dass ich immer dachte, er könnte die Handflächen auf die heiße Herdplatte legen, ohne dabei etwas zu spüren. Mit so einer dicken Haut, dachte ich, ist er unsterblich.

Während ich im Internet nach einem billigen Flug suche,

überlege ich fieberhaft. Meiner Familie die Nachricht meiner Transition langsam zu verkünden, kann ich nun vergessen. Bleibt nur noch der Ruck, wie bei einem Pflaster.

Nachdem ich Flug- und Bahnticket gebucht habe, schreibe ich eine kurze E-Mail. *Es ist etwas geschehen, das mich sehr glücklich macht. Ich habe beschlossen, als der Mann zu leben, der ich wirklich bin. Ich nehme seit einiger Zeit Testosteron, habe mich optisch verändert, bleibe aber dieselbe Person, vor allem bleibt meine Liebe für Euch gleich. Ich will bei Enzos Beerdigung da sein und komme morgen um 17:13 am Bahnhof an. Ich freue mich auf Euch.*

Senden.

»Und das sollen Sie sein?« Ein Mitarbeiter der Fluggesellschaft hat meinen Pass aufgeklappt und vergleicht mein Gesicht mit dem Passbild.

»Zugegeben sehe ich mit Brille etwas anders aus.« Ich grinse. Als Kind konnte meine Nonna meinen Bäckchen nicht widerstehen und kniff mir immer so doll in die Wange, dass ich davonlief.

Mein Pass wird mit der Bordkarte verglichen. Wortlos halte ich dem Mann meinen Ergänzungsausweis hin.

»Was heißt das?«

»Lesen Sie selbst.« Er braucht einige Sekunden, um die Information zu verarbeiten. Der Ausweis enthält meine selbstgewählten personenbezogenen Daten – Vornamen, Geschlecht –, sowie ein aktuelles Passfoto. Er wird von der Deutschen Gesellschaft für Transidentität und Intersexualität ausgestellt und vom Bundesministerium des Inneren bestätigt. Hinter mir wird die Schlange länger.

»Oh, sorry …« Er steckt den Ausweis in meinen Pass und klappt diesen wieder zu. »Guten Flug.«

Während die Stewardess die Sicherheitsvorkehrungen erläutert, legt sich mein Sitznachbar ein Nackenkissen um den Hals, und ich schaue aus dem Fenster. Die Welt unter uns wird immer kleiner.

Enzo ist tot … *Arrivederci* Enzo … Ich ertappe mich plötzlich bei dem Gedanken, dass ich hoffe, dass mein Onkel wirklich gestorben ist. Ich erschaudere. Bis sie heiratete, verbrachte meine Mutter Weihnachten jedes Jahr auf Sizilien, danach immer in Frankreich bei den Eltern meines Vaters. Einmal, sie war vielleicht zwanzig, erreichte sie am 22. Dezember die Nachricht, dass eine ihrer Tanten gestorben sei. Als meine Mutter zur Bestattung in Palermo ankam, wurde sie von ihrer Tante höchstpersönlich vom Hafen abgeholt. »*Ma che*«, sagte sie, »es war die einzige Möglichkeit, damit du die Festtage mit uns verbringst!« Hätte meine Mutter einen Grund gehabt, mich anzulügen? Es ist tatsächlich schon eine ganze Weile her, seit ich das letzte Mal zu Hause war. Aber vom Testosteron, das ich nun ein Leben lang einnehmen muss, wusste sie bis gestern nichts.

»*Bonne journée, monsieur.*« Beim Aussteigen hält mir der Steward eine Schachtel mit Pralinen hin, auf denen das Logo der Fluggesellschaft zu sehen ist. Ich schnappe mir eine Praline und steige aus dem Flieger. Kaum zu glauben, wie oft ich in den letzten Stunden *monsieur* genannt wurde. Bon vol, *monsieur*. In der Ablage ist Platz für Ihr Gepäck, *monsieur*. Schönen Tag noch, *monsieur*. *Madame* wurde ich früher selten genannt. Denn *madame* meint eine verheiratete Frau und wahrscheinlich sah ich dafür immer zu jung aus. Und *mademoiselle*, also Fräulein, wurde ich hauptsächlich von Männern genannt, die mit mir flirten wollten. Unabhängig von Alter und Familienstand: Männer sind immer *monsieur*. Sogar dreizehnjährige Jungs, die sich dann merklich in die Brust werfen. Weder *ma-*

dame noch – erst recht nicht – *mademoiselle* haben mir je dieses Gefühl von Wichtigkeit vermittelt. Denn *madame* heißt: Ich behandle Sie mit Respekt, weil es die Höflichkeit gebietet. *Monsieur* bedeutet: Ich behandle Sie mit Respekt, weil ich Ihnen selbstverständlich Wert zugestehe.

Am Flughafen Paris-Orly patrouillieren Soldaten mit Sturmgewehr. Anti-Terror-Maßnahme seit den Anschlägen auf Charlie Hebdo. Um mich herum wird Französisch gesprochen, es fühlt sich vertraut an und macht mich doch irgendwie nervös. In Deutschland kann ich leichter abschalten. Am *Gare du Nord* wieder Männer in Uniform. Regelmäßig ertönt die Melodie der SNCF, gefolgt von der Durchsage, dass Gepäck keinesfalls unbeaufsichtigt stehen gelassen werden darf. Ich kaufe mir ein Sandwich, das Baguette ist weich, und der Käse schmeckt wie Plastik. Im Zug entspannt mich das sanfte Geruckel. Es ist warm. Ich gähne und will schnell ankommen. Aber ich habe einen Knoten im Magen. Bei dem Gedanken, dass ich gleich meine Familie wiedersehen werde, steigt jedes Mal Panik in mir auf. Mein Handy vibriert. Meine Mutter schreibt, dass sie mich vom Bahnhof abholt. Wie gern würde ich es ihr ersparen, innerhalb einer Sekunde das begreifen zu müssen, wofür ich so viele Jahre gebraucht habe.

Als der Zug mit einem grellen Quietschen in die Bahnhofshalle einfährt, ziehe ich meine Lederjacke an, trotz der Wärme. Ich will gut aussehen, damit meine Mutter sieht, dass es mir gut geht und dass sie sich keine Sorgen machen muss. Doch nachdem ich meinen Rollkoffer aus dem Zug auf den Bahnsteig gehievt habe, ist mir so heiß, dass ich sie sofort wieder ausziehe. Der Bahnhof ist kleiner als in meiner Erinnerung, ein Gebäude aus der Jahrhundertwende, mit Stuck und Marmorboden. Dieselbe Melodie wie in Paris weist mich darauf hin, mein Gepäck nicht unbeaufsichtigt zu lassen.

Dann sehe ich meine Mutter. Sie sucht die Menge der Reisenden nach mir ab, und ich merke, wie konzentriert sie ist. Sie runzelt die Stirn, vielleicht fürchtet sie, mich nicht zu erkennen. Ich gehe auf sie zu. Ich stehe vor ihr. Sie hält den Riemen ihrer Handtasche fest umklammert, als könne die Tasche sie vor dem Umfallen retten. Nun verändert sich ihr Gesicht. Sie lässt den Riemen los und öffnet die Arme. »Ich hab dich nicht erkannt!« Ich kann ihre raue Stimme im Lärm des Bahnhofs kaum hören.

Meine Mutter packt mich an beiden Armen, tritt einen Schritt zurück, und für ein paar Sekunden mustert sie mich, still, so wie man ein Gemälde betrachtet. Sie scheint sich zu freuen über das, was sie sieht. Die Hände meiner Mutter haben mir nur selten über den Kopf gestreichelt, als wären so hart arbeitende Hände nicht für Liebkosungen gedacht, nicht dafür geeignet, nicht gut genug. Als wären sie nur dafür da, zu tun, zu putzen, zu kochen, zu stricken, Löcher in die Wand zu bohren, Erde umzustechen, Collegeblöcke mit Kuli vollzuschreiben, um trotz der vier Kinder das Abitur nachzuholen. Die Hände meiner Mutter sind stark und robust für eine so zierliche Frau. Seit ich vierzehn bin, bin ich einen Kopf größer als sie – mein Bruder sogar zwei. Als Kind schämte ich mich für die Hände meiner Mutter. Ich wünschte, sie wären anders. Ich wünschte, sie wären weiblicher. Heute schäme ich mich dafür, dass ich dachte, es gäbe »weibliche« Hände. Als Kind wollte ich eine Mutter, die da ist und mich vor meinem Vater schützt, aber meine Mutter war selten da.

»*Je t'aime*«, sagt sie schließlich.

Ich schlucke. Auch Liebesbekundungen waren nichts, was ihr leicht über die Lippen kam. »*Moi aussi.*« »Ich liebe dich« bringe ich nicht raus. Wegen *la pudeur*, einer Mischung aus Scham und Keuschheit, Vorsicht und Zurückhaltung.

»Nathalie ist auch da. Sie wartet im Auto.« Wir verlassen die Bahnhofshalle, begleitet vom Krach des Rollkoffers. Der schwarze Peugeot 205 steht in der Kurzparkzone. Meine Schwester lehnt an der vorderen Tür. Kaum stehen wir uns gegenüber, ist *la pudeur* wieder da. Küsschen links, Küsschen rechts. In Frankreich vermisse ich die deutsche Umarmung, Leute richtig ans Herz drücken.

»Wie geht's?«, fragt Nathalie und lächelt. Sie hat Tränen in den Augen. Ich beobachte ein minimales Muskelspiel in ihrem Gesicht, ihre Augenbrauen schieben sich etwas zusammen, wie bei einer interessanten Lektüre. Als Kind stand ich meiner älteren Schwester sehr nah. Wir teilten uns sogar ein Zimmer. Dann hatte ich meine pubertäre Krise und ich redete mit niemandem mehr.

Mit einem knirschenden Geräusch parkt der Peugeot 205 direkt vor dem Haus meiner Kindheit. Es gibt kein Tor, was mein Vater immer als Vorwand nahm, um uns keinen Hund anschaffen zu müssen. Im Vorgarten, wo damals ein Tulpenbeet, aromatische Kräuter und ein riesiger Lavendelstrauch standen, wächst heute Unkraut. Ich stehe vor der Klinkerfassade, die nie vollständig mit Mörtel verputzt wurde.

»*Salut!*« Meine jüngere Schwester stürzt auf mich zu. Viola ist ein Energiebündel mit goldenen Augen. Sie drückt mich lange. Eine Umarmung, an die wir vielleicht nicht gewöhnt wären, wenn ich als Junge aufgewachsen wäre – jedenfalls hat sie sich nie so in die Arme meines Bruders geworfen und ich auch nicht.

»Alles klar?« Mein Bruder küsst mich etwas verlegen auf die Wangen. Didier ist groß, hat einen hervorstechenden Adamsapfel und kaum Barthaare. Zum ersten Mal frage ich mich, ob er schon mal deswegen Komplexe hatte. Er sucht eingeschüchtert meinen Blick.

Wieder Küsschen links, Küsschen rechts, Coralie, seine Freundin, begrüßt mich und hält sich dabei den Bauch. Sie ist im fünften Monat schwanger. Ich muss unwillkürlich an die Welpen von *le chien* denken, einem streunenden Mischling, den wir Kinder irgendwo aufgegabelt hatten und bei uns im Garten hielten – wenn wir schon kein richtiges Haustier haben durften. Mein Vater ertränkte die süßen Fellkugeln mit den Kulleraugen in der Regentonne. Ich stand hinter dem hohen Lavendelstrauch vor unserem Haus und sah mit Schrecken zu, wie *papa* die Hundebabys in eine grüne Mülltüte steckte und sie unter Wasser hielt, bis sie sich nicht mehr regten.

Wir sitzen auf der Terrasse, die eigentlich nur eine Fläche Beton ist, trinken einen *Apéro*, Kronenbourg und Pineau, und lassen Erdnüsse im Mund knacken. Mein Vater soll morgen kommen. Vor mir die verrostete Wäschespinne, der Apfelbaum, dessen Äpfel klein und sauer sind. Neben unserem Grundstück ragt ein Hochspannungsmast in den Himmel, der ab und zu leise knistert.

Alle haben mich bereits ein paar Mal *Céline* genannt und sich mit dem Pronomen »sie« auf mich bezogen. Ich bringe es nicht übers Herz, sie zu korrigieren. Ich bin unheimlich müde von der Reise. Wir unterhalten uns über Enzo, dessen Tod für alle ein Schock ist. Und als würde das nicht reichen, haben sich seine drei Kinder bei der Organisation der Bestattung furchtbar gestritten. »Das ist nur eine Phase«, sagt mein Bruder. Wir schweigen alle verlegen, als würde dieser Satz automatisch den Kurs der Konversation wechseln und sie auf mich lenken. »Sind sie Phasenprüfer?«, sagt Viola in die Stille hinein und lacht.

»Willst du?« Meine Mutter hält mir einen Eiswürfel hin. Ich nicke. Ich habe den Eindruck, dass sie traurig wäre, wenn ich nein sagen würde. Ich sehe, dass sie ihren Ehering immer noch trägt, und spüre Wut in mir aufsteigen. Ich versuche, das Gefühl zu vertreiben. Meine Eltern sind nicht geschieden, aber getrennt, und ich denke – oder hoffe –, dass meine Mutter meinen Vater nicht mehr liebt. Als sie den Eiswürfel in die Mischung aus Cognac und Traubenmost legt, schwappt etwas über. Coralie leckt sich genüsslich das Salz der Erdnüsse von den Fingern und fragt, was ich noch für zusätzliche Schritte unternehmen möchte und ob überhaupt. Coralie hat in meiner Familie oft diese Funktion des Brückenbauens. Sie kann persönliche Dinge ansprechen, bei denen wir uns innerhalb der Familie nicht trauen, und ich freue mich für meinen Bruder, dass er sie hat. Ich antworte, dass ich meinen Körper okay finde und dass ich nicht wirklich darunter leide, auch dass ich früher nicht wirklich gelitten habe beziehungsweise dass ich es vielleicht auch einfach verdrängt habe. Mein Bruder schaut auf den Hochspannungsmast und sagt – vielleicht macht ihn der Schnaps mutig –, dass es ihm lieber wäre, wenn ich gelitten hätte. »Sonst hab ich den Eindruck, dass alles nur ein Spiel für dich ist.«

Die Erdnüsse liegen mir plötzlich wie ein Sack Steine im Magen. Ich nippe an meinem Pineau, der kalt und süß schmeckt. Der Eiswürfel hat an Glanz verloren. Im Hintergrund zwitschern Vögel, deren Namen ich nicht kenne, gleichzeitig hört man die Autos auf der vierspurigen Schnellstraße rasen. Mit sechzehn wollte ich sterben, ja. Ob diese Info meinen Bruder freuen würde?

Wie ist es so mit der Transition im Alltag? Was sagt das Gesetz? Womit hast du persönlich zu kämpfen, oder transgeschlechtliche Personen generell? Wie können wir dich unterstützen? Wie kannst du uns unterstützen? Ja, was müssen wir eigentlich tun und wissen, um mit der Situation gut umgehen zu können? Um auf die Reaktionen aus unserem Umfeld vorbereitet zu sein? Das sind Fragen, die ich mir von ihnen wünsche. Aber auch ich bin nicht in der Lage, sie zu formulieren.

In meinem früheren Schlafzimmer steht noch mein altes Bett am Fenster. Mein Handy vibriert. SMS von Carla. Sie fragt mit zwinkerndem Smiley, ob wir uns mal auf einen Kaffee treffen wollen.

»Was hat das damit zu tun?«, fragte ich sie, nachdem sie mir mitgeteilt hatte, dass sie bi sei.

»Na, ich mag Männer und Frauen.«

»Ich bin keine Frau.«

»Ich mag halt auch Männer.«

»Dafür musst du nicht bi sein.«

Ich weiß, dass ich Glück habe, dass sie gut reagiert hat. Trotzdem merke ich, als ich erschöpft unter der dicken Steppdecke in meinem Kinderzimmer liege, dass ich nichts für Carla empfinde. Ich denke an Karim. Ich freue mich, dass Kiwi auf ihn aufpasst. Nervosität macht sich in mir breit. Seit drei Jahren habe ich meinen Vater nicht mehr gesehen, und morgen ist es so weit.

Als ich aufwache, ist es schwül, das Fenster steht weit offen. Ich lausche dem Rauschen der Autos. Wie konnte ich mir als Kind nur vorstellen, das sei das Meer? Ich rieche den Dunst von Spiritus und weiß, dass mein Vater da ist. Früher war jeden Samstag putzen angesagt. »Sauberkeit!«, rief er. »Sauberkeit!«, riefen alle vier Wände.

Ich ziehe mir die Daunendecke über den Kopf. Die Decke und ich wollen nicht erwachsen werden.

In der Küche höre ich meine Mutter, Nathalie, Didier und meinen Vater. Viola duscht. Ich schlendere ins Wohnzimmer. Ich komme mir vor wie jemand, der aus Versehen für den Papst gehalten wird und nun vom Balkon des Petersdoms die Osterrede halten muss. Alle TV-Kameras sind bereit, Kardinäle und Erzbischöfe, Pilger und Journalisten erwarten mich, Millionen Menschen jubeln mir zu. Und weil ich diese Leute nicht enttäuschen will, werde ich die scheiß Rede halten, obwohl ich weder weiß, was ich sagen soll, noch den Knigge für den Papstbalkon kenne.

Meine Hand liegt auf der Klinke der Küchentür. Manchmal ist eine Klinke die schwerste Hantel der Welt. Wie wird mein Vater reagieren? Ich betrachte die Risse an der Wand. Die staubigen Fenster. Den wackeligen Couchtisch. Viola taucht auf, frisch geduscht, die Haare noch nass. Sie riecht nach Aprikosen-Shampoo und trägt ein rotes T-Shirt, was ich nicht so richtig passend für eine Beerdigung finde. Vielleicht bin ich einfach zu altmodisch.

»Alles klar?« Ich kenne diesen Ton, der bei uns in der Familie bedeutet: »Bitte sag mir, dass alles in Ordnung ist, weil ich nicht damit umgehen kann, wenn es dir schlecht geht.«

»Alles klar.«

»Hast du *papa* schon gesehen?«

»Nein.«

»Sollen wir zusammen rein?«

»Ja.«

Ballast fällt ab.

»Komm!«

Prompt öffnet Viola die Tür und betritt die Küche mit einem übertrieben fröhlichen »*Bonjour!*«. Ich bin überrascht, dass das so schnell ging, und bleibe hinter ihr zurück. Nun brauche ich nur noch reinzugehen.

Alle sitzen an dem sonnenblumengelben Tisch aus Resopal, wie bei einer Beschäftigungstherapie. Ich bin der Einzige, der schwarze Kleidung trägt. Mein Vater rollt Teig mit dem Nudelholz aus, meine Mutter fettet das Backblech, meine Schwester schneidet Mozzarella in Stücke, und mein Bruder rührt mit einer Kelle in der Tomatensoße. Diese Bilderbuchfamilie existiert nicht. Seit ich denken kann, habe ich sie nicht so harmonisch funktionieren sehen.

Mein Vater wischt sich die Hände an seiner Schürze ab. Er öffnet die Arme, und ich werfe mich hinein, schon allein, damit er mich nicht so aufmerksam anschauen kann. Ich spüre seinen Bierbauch, und das ist mir unangenehm. »Willst du einen Kaffee?«, fragt er. Er hat ein bisschen Mehl an der Wange. Ich nicke. Als ich den Schrank mit den Tassen öffne, spüre ich alle Blicke auf mir. Auf dem unteren Brett stehen Frühstücksschalen aus der Normandie: Jedes Kind bekam damals eine eigene mit seinem Vornamen darauf. Plötzlich weiß ich nicht mehr, wie ich mich natürlich bewege. Ich ahne, dass wir nicht über meine Transition reden werden. Gleich findet eine Beerdigung statt, unsere Sterblichkeit schwebt über uns, und es scheint, als ob alles, was gerade zählt, ist, dass ich da bin und am Leben.

Nach dem Essen kommt Onkel Fausto mit seiner Frau und meinem Cousin vorbei, weil nicht die komplette Familie Robinet in den schwarzen Peugeot passt.

Fausto drückt mich.

»*Mais qu'tes beau!*«

Und ich dachte, Schönheit würde bei Männern keine Rolle spielen.

»Arschloch!«

Fausto haut aufs Lenkrad.

»Ist gut!«, sagt meine Tante neben mir auf dem Rücksitz.

»Siehst du den Typen im Fiat? Telefoniert am Steuer!«

Ich spüre, wie meine Tante mich immer wieder aus dem Augenwinkel mustert. Fausto umklammert nervös das Lenkrad. Die Beerdigung ist gleich, und wir stehen im Stau. Auch ich will ankommen, andererseits erwartet mich in der Trauerhalle meine Großfamilie. Meine Mutter hat acht Geschwister, die alle zwei oder drei Kinder haben, meine Familie ist eine Kleinstadt in der Stadt. Ich frage mich, ob mein Onkel so wütend ist, weil sein Bruder bei einem Autounfall gestorben ist. Im Rückspiegel sucht er meinen Blick.

»Lebst noch in Berlin?«

»Ja.«

»Warum?«

»Ist toll.« Die Stille danach wird nur noch vom Summen einer Fliege durchbrochen. Ich denke an Parks, die nicht eingezäunt sind und deren Rasen man betreten darf, an das Gefühl von Freiheit, an die Seen, die Breite der Straßen, die Fahrräder, die umtriebige literarische Szene, an die vielen linken queeren Strukturen und Netzwerke und die solidarischen Bündnisse, die mir den Eindruck vermitteln, dass ich mich in Berlin einfach besser entfalten kann.

»Man kann in Berlin so viel machen, es gibt so viele Räume und Möglichkeiten, und es ist toll, in einem Land zu leben, das sich nicht auf den republikanischen Universalismus stützt. In Frankreich sind wir anscheinend alle ›gleich‹, alle ›Kinder der Republik‹. Von wegen! Es herrscht ein totaler Gleichheitszwang! Ist doch so! Und wenn du in Frankreich *communauté* sagst, bist du gleich ein *communautariste*, ein Isis-Mitglied, das in den Dschihad zieht. Die einzige Gemeinschaft, von der man hier sprechen darf, ist die Nation.«

Fausto dreht sich zu mir um. Das hat mein Vater auch immer gemacht, als würde das Auto von alleine fahren. Wozu auf die Straße schauen, auch bei 180 km/h.

»Hab kein Wort verstanden. Bleib lieber dort.«

»Schreibst du noch?«, fragt meine Tante.

»Ja.«

»Aber bitte nicht so Bücher, wo man zehn Jahre studieren muss, um die zu lesen!«, sagt Fausto und grinst im Rückspiegel.

Ich lächle und es tut mir weh. Was nützt mir das ganze Wissen, wenn ich es nicht vermitteln kann? Draußen beginnt ein Hupkonzert.

Vor der Trauerhalle hat sich eine kleine Gruppe in dunkler Kleidung versammelt. Mein Mund ist trocken. Mein Onkel Antonello klopft gerade den Dreck seiner Stiefel auf der Vortreppe ab, tap-tap. Die Bewegung hat etwas erstaunlich Gewöhnliches. Plötzlich sieht er mich. Er öffnet die Arme. Die Nachricht hat sich wie ein Lauffeuer verbreitet. Nun werde ich von allen Seiten umarmt, Leute ziehen mich an sich. Du siehst gut aus! Er sieht gut aus! Jetzt bin ich dran! Ich will ihn auch drücken! Dieses Gefühl, das tief in meiner Kehle saß, der Kloß, der meine Atmung beeinträchtigte, ist plötzlich weg. Ich stehe da, glücklich, auf einer Beerdigung.

»Hast du Enzo schon gesehen?«, fragt mein Onkel Giuseppe.

Ich schüttele den Kopf.

»Du musst zu ihm. Er hätte dich, so wie du jetzt bist … Er hätte dich so gern gesehen.«

Ich beiße die Zähne zusammen und muss dann doch heulen.

Dann stehe ich in der Trauerhalle vor Enzo. Er liegt da, in seinen Sarg gebettet, sein Gesicht ist eingefallen, und man sieht ein Hämatom auf der linken Wange, aber seine Haare sind schön gekämmt, die Hände ineinandergelegt. Ich will Widerspruch erheben, nein, das stimmt nicht, mein Onkel ist nicht tot! Er duftet nicht mehr nach Pizza und Mehl, der Geruch von Trauerblumen, Trauerkränzen und Grabgestecken überdeckt sowieso alles. Und dann stelle ich mich einem Verstorbenen vor. »Enzo … *voilà … c'est moi … Jayrôme …*«

»Jayrôme! *Viens!*« Beim Leichenschmaus packt mich meine Tante Silvana bei der Hand und führt mich zur Frau meines Cousins. »*Tu sais c'est qui?*«

Die Frau meines Cousins schluckt ihren Pflaumenkuchen herunter, wischt sich mit einer Serviette über den Mund, beäugt mich und runzelt die Stirn. Den Zeigefinger mit dem Henkel ihrer Kaffeetasse verhakt, beginnt sie die männlichen Familienmitglieder in meinem – von ihr geschätzten – Alter aufzuzählen. Irgendwann kommt sie nicht mehr weiter: »Komm, hilf mir!«

»*C'est le fils à Elena.*«

»Elenas Sohn?« Sie nippt an ihrem Kaffee. »Didier? Aber Didier habe ich vorhin doch gesehen …«

»*Non, pas Didier.*«

»Elena hat zwei Söhne?«

Bevor die Frau meines Cousins es verstehen kann, zieht mich meine Tante weiter. Ihre Hand ist stark vom häufigen Teigkneten. Sie hat großen Spaß daran, mich vor Familienangehörige zu stellen und sie raten zu lassen, wer ich bin. An meinem Tisch unterhalten sich meine Geschwister. Ich vermisse die Nähe zu ihnen und würde mich gern zu den dreien gesellen, aber meine Tante zieht mich weiter.

Plötzlich stehe ich vor meiner Nonna. Sie ist klein und zierlich und ganz in Schwarz gekleidet, halb versunken in einen Ohrensessel, umgeben von Söhnen und Schwiegertöchtern und Enkelkindern. Meine Tante ruft: »*Maman! Regarde!*«

Meine Nonna hebt die Augen, sie schaut in meine Richtung und sieht durch mich hindurch. Doch plötzlich verändert sich ihr Blick. »*Ma … vieni qui!*« Ich gehe auf die Knie und glaube, dass sie mir gleich in die Wange kneifen wird. Stattdessen legt sie beide Hände auf meinen Kopf. Dann hebt sie die Hand und holt zu einer Ohrfeige aus, während ihre Augen leuchten und »du Witzbold« sagen. »Du bist hässlich!«, sagt sie und lächelt. »Deine Zähne … ich erkenne deine Zähne.«

»Nonna … hast du … hast du Fragen?«

Ihre Finger fahren durch die Luft und scheinen dort nach etwas greifen zu wollen. »Ich bin nicht gut im Reden … aber in meinem Herzen … *Capito?*« Würde sie mir doch nur doll in die Wange kneifen.

Im Wohnzimmer sieht mein Patenonkel Franco fern, allein. Er soll schlecht drauf sein, seit er aufgehört hat, Alkohol zu trinken. Ich will es trotzdem probieren. Eine Weile stehe ich vor dem Dreisitzer, nicht weit entfernt vom Fernseher. Er starrt unbewegt auf den Bildschirm. Er schaut mich nicht an. Wir schweigen. Nach zehn Minuten gehe ich. Da ist wenig Illusion in diesem Wohnzimmer, aber auch eine Menge Wahrheit.

Am nächsten Tag hat mein Onkel Luigi zum Abendessen eingeladen. Wer am langen Tisch nicht laut genug redet, hat keine Chance. Luigi stellt einen riesigen Topf mit Spaghetti Bolognese in die Mitte des Tisches.

»Du hättest wenigstens einen italienischen Vornamen wählen können!« Er schlägt mir mit der flachen Hand auf den Rücken.

»Ist noch nichts Offizielles«, sage ich, um Luigi nicht zu enttäuschen. Mitten im Spaghetti-Drehen hält seine Frau plötzlich inne und schaut mich an. »Darf ich dich was fragen?« Es wird ungewöhnlich still am Tisch.

»Klar.«

»Früher … also früher warst du lesbisch … oder?«

»Jein.«

»Hat sich das verändert? Also hat sich jetzt deine … bist du … ist es jetzt anders?«

»Der kann jetzt nicht mehr lesbisch sein!«, brummt Luigi und schmatzt.

»Der kann aber immer noch Frauen lieben!«

»Ja, aber dann … dann ist er …«

»Hetero«, sage ich und grinse. Ich drehe eine Gabel Spaghetti auf. »Sagen wir mal so«, erkläre ich mit vollem Mund, »… mag immer noch Frauen. Aber früher, als Frau, war ich dann lesbisch. Und heute, als Mann, gelte ich als hetero.« Ich tupfe mir mit der Serviette die Bolognese aus den Mundwinkeln. »Also hat sich meine eigene Orientierung gar nicht verändert, nur die Bezeichnung, und zwar um hundertachtzig Grad: von homo zu hetero.«

»Siehst du«, sagt Luigis Frau mit einem vielsagenden Blick zu ihrem Mann.

»Aber im Grunde bin ich eh bi. Und das war ich auch schon vorher. Also alles beim Alten.«

»Ach ja.«

»*Waouh les muscles*«, sagt mein Onkel Giovanni. »Zeig mal!« Er spannt seinen Bizeps an und fordert mich auf, das Gleiche zu tun. Ich sehe seine Bewunderung und spüre eine Art Genugtuung, die mich selbst überrascht. »Wettkampf?«, sagt er plötzlich. »Komm!« Wir legen uns auf den Bauch, Beine ausgestreckt, Blick Richtung Boden. Ich denke an meine queeren Leute in Berlin, die einen Liegestütz-Wettkampf sicher verurteilen würden, und das ist mir in dieser Sekunde egal. Ich weiß, dass dies die Art meiner Onkel ist, mich als Mann in der Familie willkommen zu heißen. In meinem Kopf spielt *Eye of the Tiger.* Luigi gibt den Startpfiff. Ich strecke meine Arme. Ich gehe jedes Mal so weit herunter, dass meine Brust fast den Boden berührt. Ob Männer bei Liegestützen den Boden zuerst mit ihrem Penis berühren? Oh Gott, ich sollte nicht über den Penis meines Onkels nachdenken. Luigi zählt, die Tanten und Cousinen feuern uns an. Mein Kopf ist rot, kurz davor, zu explodieren. Egal, ich mache weiter, ein Liegestütz nach dem anderen. Ich strenge mich an, was das Zeug hält. Ich höre Giovanni, wie er Luft holt, regelmäßig und sauber. Ich kann nicht mehr. Kann man von Liegestützen sterben? Ich breche erschöpft auf den Kacheln zusammen. Besiegt, aber glücklich.

FALLHÖHE

Vor der Wohnungstür stehen Karims Schuhe. In meinem Körper wird eine Jalousie hochgezogen, die Sonne strahlt in mein Inneres. Karim ist oft unterwegs. Offiziell ist er immer noch in einer Unterkunft für geflüchtete Menschen registriert. Regelmäßig fährt er dorthin, um sein Gesicht zu zeigen oder seine Post zu holen. Falls das Landesamt für Gesundheit und Soziales, das für Asylsuchende zuständig ist, oder das Bundesamt für Migration und Flüchtlinge ihm einen Termin schicken, darf er ihn nicht verpassen. Zudem hat er ein großes Netzwerk in Berlin. Er kennt nicht nur Leute über den Deutschen Akademischen Austauschdienst, der ihn zu einer Podiumsdiskussion eingeladen hat, sondern hat auch viele syrische Freunde, die ebenfalls Asyl beantragt haben. Manchmal habe ich den Eindruck, dass er hier mehr Freunde aus seiner Heimat hat als ich – genau genommen kenne ich niemanden in Berlin, den ich in Frankreich schon kannte. Inzwischen habe ich über Facebook erfahren: Karim war auf dem Fernsehturm, im DDR-Museum, hat die Nofretete besucht, er war in der Philharmonie, bei einem Hertha-Spiel, auf dem Flohmarkt im Mauerpark, er hat Berliner Weiße getrunken. Dass seine Schuhe jetzt vor der Tür stehen, ist also etwas Besonderes.

Seine Zeichenutensilien liegen auf dem Couchtisch, Skizzenbücher, Bleistifte, Kohle, Kreide, Tusche, verschiedene Radiergummis. Kiwi sitzt auf dem Sessel gegenüber und wird gezeichnet. »Deine Katze langweilt sich.« Karim nimmt einen Radiergummi, der aussieht wie ein dickes gekautes Kaugummi. »Ich glaube, deine Katze sollte sich Babys zulegen.«

»Möchtest du gerne eine haben? Ich meine, wenn du mal deine eigene Wohnung hast ... Also du kannst natürlich, solange du willst, hierbleiben, aber wenn du ... also falls du mal ... also wenn du mal etwas Eigenes hast, möchtest du dann eine Katze haben?«

»Darf ich nicht.« Er hellt eine kleine Stelle auf Kiwis Schnauze auf. Auf dem Bild hat sie ihre kleine rosa Zunge rausgestreckt.

»Bist du allergisch?«, frage ich aus der Küche, wo ich den Inhalt des Kühlschranks inspiziere. Kichererbsen, Joghurt, Zitronen. Karim war einkaufen. »Sollen wir Pizza bestellen?«

»Ich wollte was kochen«, höre ich aus dem Wohnzimmer, und ich gehe davon aus, dass es nicht Kiwi ist.

»Brauchst du Tabletten gegen Katzenallergie?«

Karim streckt den Arm mit dem Bleistift in der Hand nach vorn und schließt ein Auge, um Kiwis Größe zu schätzen.

»Jemand wurde mal nach Nigeria abgeschoben, weil er sich eine Katze angeschafft hat.«

»Echt?«

»Ein Katzenbaby.«

Karim verwischt etwas auf der Skizze.

»Im Islam ist die Katze ein Symbol von Männlichkeit. Katzen wurden dann von Salafisten instrumentalisiert, zur Inszenierung dschihadistischer Männlichkeit. Das war die Begründung des Bundesverwaltungsgerichts. Hat dich schon mal jemand gezeichnet?«

Einmal in den Ferien bei meinen Großeltern, ich war dreizehn. Auf der Strandpromenade saß ein Maler auf einem

Klappstuhl und zeichnete Porträts und Karikaturen für 20 Francs. Mein Vater war fasziniert und ließ ihn mich und Nathalie zeichnen. Danach war mir nicht klar, ob der Mann ein Porträt von mir oder eine Karikatur gezeichnet hatte. Die pummeligen Backen, die langen Haare, die weichen Züge, das war ich nicht.

»Nein. Als Jayrôme noch nie.«

Mein Handy summt. SMS von Carla. Ich habe mich seit ihrer letzten Nachricht nicht mehr gemeldet. Ich hole eine Münze aus meiner Tasche. Die Chance liegt bei jeweils 50 Prozent. Kopf, wir sehen uns wieder. Nicht dass ich so etwas Wichtiges dem Zufall überlassen möchte. Ich hoffe darauf, einen Wunsch zu verspüren, sobald ich die Münze in die Luft werfe. Dieser Wunsch wäre ein Hinweis darauf, was ich will. Die Münze hat gesprochen. Ich werde Carla eine E-Mail schreiben, in der ich erkläre, dass sie und ich etwas Unterschiedliches wollen. Und tatsächlich: Das Ergebnis löst irgendwie Erleichterung in mir aus.

Karim geht auf den Balkon und raucht eine Zigarette, Kiwi beobachtet ihn durch die Glastür. Als er wieder reinkommt, versucht sie, sich rauszuschleichen, aber Karim hält sie mit dem Fuß zurück. »Komm, ich zeige dir, wie man *Fatteh* macht.«

In der Küche beginnt Karim, mit Schneebesen und Töpfen zu hantieren. »Die Menge der Gewürze messe ich nicht, ich füge einfach so viel hinzu, bis der Geist meiner Großmutter in meinem Herzen ›stop‹ flüstert.«

Mit welcher Ruhe er sich der Zubereitung eines Gerichts widmet.

»Ich wünschte, ich könnte heute ein Zustimmungsnicken von meiner Oma bekommen, das wäre klasse.«

Draußen färbt sich der Himmel rosa, dann purpur, dann schwarz. Wir essen schweigend im Schein von Teelichtern. Wir hören Anouar Brahem, ich habe das Gefühl, dass die Töne mich umarmen. In meinem Mund knallen Geschmacksrichtungen aufeinander, Kichererbsensud, Zitronensaft, Joghurt, Tahin, zerdrückter Knoblauch, knusprig frittiertes Brot, in Olivenöl geröstete Pinienkerne. Die Musik, das Licht, das Essen, ich bin plötzlich so gerührt, dass mir die Tränen in die Augen steigen. Bin ich gerade dabei, mich in Karim zu verlieben? Wie soll das gehen? Eine Liebe, die aus Krieg und Leid und Flucht entsteht?

Im Kerzenlicht sieht Karim meine Tränen nicht, was mir die Möglichkeit gibt, die Fassung wiederzugewinnen.

Ich habe Angst.

Könnte er meinen Körper lieben?

»Für alle neu zugestiegenen Fahrgäste ohne Platzreservierung: Willkommen auf unserer Stehparty!«

Die Durchsage des Lokführers lässt sogar Morgenmuffel wie mich schmunzeln. Es ist 09:37, und ich steige in den ICE Richtung Weimar. Ich soll bei einer Tagung für Französischlehrende in Thüringen den Ausklang gestalten, kurz etwas zu möglichen Schulprojekten unter meiner Regie sagen und »einen Einblick in mein Poetry-Slam-Schaffen« geben. Der Cappuccino to go ist warm und süß, aber ich brauche Treibstoff. Alle zwei Wochen, ein paar Tage vor der Injektion, habe ich Erschöpfungssymptome. Ich sollte mit meinem Arzt darüber reden.

Der Zug kommt ins Rollen. Mein Vortrag ist um 14:30. Seit ich mit Testosteron angefangen habe, habe ich nicht mehr vor Leuten gesprochen. Ich bin gespannt und muss trotzdem gähnen. Circa hundert Teilnehmende werden erwartet, unter anderem haben der französische Botschafter und der thüringische Staatssekretär ihre Anwesenheit bestätigt. Ich habe einen Anzug dabei, den ich mir aber erst anziehen werde, kurz bevor wir ankommen. Der Zug hat jetzt an Tempo zugelegt, ich schaue aus dem Fenster.

»Alles Augenwischerei … und dann dieses ungerechtfertigte Auf-die-Schulter-Klopfen. In drei Jahren werden die sich immer noch einen drauf runterholen.«

»Aber das meiste Geld, das die Flüchtlinge hier bekommen, fließt in unser Wirtschaftssystem zurück, sie kaufen ein, sie brauchen Dinge im Alltag.«

»Na, ganz toll. Einen Sommer lang Humanität.«

Ich würde mich gern umdrehen. Wer spricht so?

»Die Flüchtlingskrise findet nicht hier statt, sondern in den Herkunftsländern, im Mittelmeer. In der BRD haben wir eher eine Nazi-Krise.«

»Hab mir von diesem Thilo Sarrazin ein Buch gekauft, dieses ›Tugendwahn‹ … ›Tugendterror‹! Den halt ich für scharfsinnig, genau mein Mann, ganz genau, endlich mal einer, der klar denkt. Und diese Hysterie, da hat er Recht, die ist völlig grotesk. Ein ganz scharfsichtiger Mensch, gefällt mir ausgesprochen gut, diese Aussage, und dafür schäme ich mich nicht.«

»Was fändest du denn gut? Menschen verbieten, dass sie Menschen retten, die im Mittelmeer ertrinken? Rettungsschiffe in Ketten legen?«

»Nein. Unterlassene Hilfeleistung oder wie heißt das.«

»Könnten die machen.«

»Werden die nicht machen.«

Alles vibriert, ein Zug fährt in entgegengesetzter Richtung an uns vorbei. Ich denke an Karim und an mich. Er gilt als »Flüchtling«, ich als »Expat«. Aus deutscher Sicht ist Frankreich *la Grande Nation*, Charme, Flair, Glamour. Doch Niko ist nicht nur in Berlin wegen seines Jobs und billiger Mieten. Er fühlte sich in Paris als queere Person eingeengt. Und Christelle wollte als Journalistin nicht unter Nicolas Sarkozy leben. In

Berlin gibt es viele französisch geprägte Orte, Buchhandlungen, Theater, einen deutsch-französischen schwul-lesbischen Verein, verschiedene französischsprachige Zeitschriften. Einige Franzosen reden nach Jahren in Berlin immer noch kaum Deutsch – aber niemand scheint sich daran zu stören. Eine französische Parallelgesellschaft. Migrant!nnen ohne Migrationshintergrund. Ausländer!nnen, die nicht zur Integration aufgefordert werden.

Ich stehe auf, um auf die Toilette zu gehen, und werfe beiläufig einen Blick auf die Sitzplätze hinter mir. Zu meiner Überraschung gehört eine der beiden Stimmen einer Frau.

Die Toilette ist groß, rollstuhlgerecht und mit ausklappbarem Wickeltisch ausgestattet. Ich hänge den Kleiderbügel an den Türgriff, hole meine eleganten Lederschuhe aus dem Koffer, ziehe meine alten Sneakers aus, schlüpfe in das schön gebügelte Hemd. Beim Schminken sagt man: entweder die Augen betonen oder den Mund. Entweder opulente Halskette oder Ohrringe. Gibt es ähnliche Regeln für Männer? Entweder Krawatte oder Mütze? Entweder Bart oder Haare? Plötzlich hält der Zug an. Erfurt, kündigt die Durchsage an. Mit Schreck fällt mir auf, dass ich in Erfurt umsteigen muss. Ich werfe T-Shirt und Krawatte in den Koffer, reiße den Kleiderbügel vom Türgriff, doch der Zug fährt schon wieder an.

In meinem Kopf springt die Abtastnadel von der Schallplatte. Ich knöpfe das Hemd zu, binde die Krawatte, ziehe das Sakko an und stürze aus der Toilette. Dem Fahrplan entnehme ich, dass die nächste Haltestelle Bamberg ist. Ich laufe durch den ICE, auf der Suche nach der Zugführung. Ich finde drei Schaffner, die entspannt in ihrer Uniform in einer kleinen Kabine sitzen und sich unterhalten. Ich erkläre ihnen, dass ich meinen Umstieg in Erfurt verpasst habe. Der bärtige Zugführer schaut sich mein Ticket an, blättert in seinem dicken Fahrplanbuch und findet heraus, dass ich um 12:17 von Bamberg aus einen Zug nehmen kann – mit Umsteigen in Nürnberg und Erfurt. Ankunft Weimar: 14:32.

Das Hotel Kaiserin Augusta, wo die Veranstaltung stattfindet, befindet sich direkt am Weimarer Hauptbahnhof, doch es wird trotzdem zu knapp sein.

»Ich habe um 14:30 eine wichtige Veranstaltung.« Ich versuche, nicht verzweifelt zu klingen.

Der Zugchef blättert noch einmal in seiner Fahrplan-Bibel, blättert vor, blättert zurück. »Okay«, sagt er schließlich, »Sie steigen jetzt in Alkersleben aus, um 11:29 fährt ein Bus nach Arnstadt Hauptbahnhof. Von dort nehmen Sie einen Zug nach Erfurt, in Erfurt steigen Sie bitte um und nehmen die Bahn weiter nach Weimar. Sie kommen um 13:18 an.«

Am liebsten würde ich ihm um den Hals fliegen und ihm einen dicken Schmatzer auf die Backe geben. Wenn das für einen Mann im Anzug schicklich wäre. Ein paar Minuten später hält der ICE und setzt mich am kleinen, menschenleeren Bahnhof Alkersleben ab. Auf dem Bahnsteig steht eine Schaffnerin mit roter Armbinde und Handfunkgerät und zeigt mir freundlich den Weg zur Bushaltestelle. Ich bin baff. Ich weiß nicht, ob ich schon einmal so viel geballte Hilfsbereitschaft erfahren habe. Um 14:30 stehe ich im Hotel Kaiserin Augusta und halte meinen Vortrag.

Vor meinem allerersten Poetry-Slam-Auftritt hatte ich mir einen Autounfall gewünscht. Mein Lampenfieber war so groß, dass ich viel lieber in der Notaufnahme als auf der Bühne gelandet wäre. Mittlerweile habe ich mich dran gewöhnt und spüre nur eine leichte Anspannung. Außerdem trage ich heute einen Anzug – dunkelgrau mit rosafarbener Krawatte. Ob ich deswegen im Zug gerade so zuvorkommend behandelt wurde?

Als ich in Alkersleben ausstieg, war ich zunächst völlig berauscht von der Nettigkeit der Menschheit gewesen, aber jetzt dämmert mir, dass da irgendwas nicht ganz in Ordnung war. Das Ich, das auf frühere Erfahrungen zurückgreifen kann, findet das ungerecht. Plötzlich fällt mir auf: Ob Schulmädchen mit Zahnspange, Frauen mit Smartphone, muskulöse Männer mit Glatze, Herren im Blazer, egal wie stilvoll oder gepflegt, aufgebrezelt oder schlampig diese Menschen waren – alle schauten mich im Anzug so ähnlich an, wie wenn man als Frau High Heels und einen tiefen Ausschnitt trägt. Der entscheidende Unterschied ist nur, dass der Anzug einen höheren »Rang« einnimmt. Die Zugführerin mit der roten Armbinde war freundlich. Im Bahnhofskiosk lächelte mich die Verkäuferin an. Im Hotel Kaiserin Augusta wurde ich von der Veranstalterin mit offenen Armen empfangen, obwohl ich später ankam als geplant. Mit Nonchalance. Keine – nicht mal im Geringsten – Vorwürfe im Tonfall, kein passiv-aggressives Hetzen beim Soundcheck. Und das, obwohl die Zeit drängte und es im Grunde meine Schuld war. Der Anzug strahlt Würde aus, und ich werde dementsprechend behandelt. Doch nicht nur die Außenwahrnehmung ist anders. Auch ich fühle mich anders. Das Sakko macht mich stark, wie Shoulderpads beim American Football, so dass ich mit nahezu perfektem Selbstvertrauen agieren kann. Ich fühle mich zur Inanspruchnahme des mir gezeigten Respekts berechtigt. Menschen sehen den Anzug, nicht den Mann, und sie verbeugen sich vor ihm. Ein Anzug ist eine Uniform, die einem ein Gefühl von Würde und Macht verleiht. Plötzlich bin ich nicht mehr die Person, die sich die ganze Zeit entschuldigt – als Frau kann man sich sogar dafür entschuldigen, dass man zugenommen hat, oder dafür, dass man sich entschuldigt.

Tatsächlich wird mir bewusst, dass diese Art der Selbstsicherheit, die ich gerade das erste Mal in meinem Leben spüre, leicht in Überheblichkeit, ja Arroganz kippen könnte. Vielleicht würde ein Dresscode »T-Shirt und Sandalen« im Bundestag zu menschlicheren Entscheidungen führen?

Heute trete ich auf die Bühne, ohne die Fähigkeit meines Geschlechts unter Beweis stellen zu müssen. Ich muss nicht zeigen, was Frauen so können. Ich stehe als Individuum da. Es ist angenehm, mir weniger Gedanken über meinen Körper machen zu müssen. Es ist auch angenehm, dass Busen und Hintern nicht angestarrt werden. Als Frau spürte ich oft ein Bewerten meiner Figur, meines Outfits, meiner Frisur, meiner Körperhaltung, meines Make-ups. Wenn Frauen sich nicht ausreichend um ihr Aussehen kümmern, werden sie gern bestraft – in Form von Desinteresse, Infragestellung oder Verachtung. Ein Mann braucht seiner Bekleidung keinen sonderlich hohen Stellenwert beizumessen. Ich hatte schon Lehrer, die mit einem halb aus der Hose hängenden Hemd unterrichteten, und ihr Intellekt wurde trotzdem nicht infrage gestellt. Männer gelten meist erst einmal als kompetent, es sei denn, sie beweisen das Gegenteil. Bei Frauen ist es genau umgekehrt: Frauen gelten so lange als inkompetent, bis sie vom Gegenteil überzeugen.

»Schöne Texte«, sagt mir der Botschafter nach meinem Vortrag. »Besonders gefallen hat mir das Bild mit der Fallhöhe und dem Schwindel.«

»Ich will die Fallhöhe von Wort zu Wahrheit verringern. Alternativ möchte ich lernen, den Schwindel zu ertragen.«

»Genau. Tolles Bild.«

Als ich nach Berlin zurückkomme, stehen Karims Schuhe nicht vor der Wohnungstür. Auf meinem Kissen liegt eine getigerte Katze aus Plüsch, daneben ein Zettel: »Weil du Kiwi nicht mit auf Reisen nehmen kannst.« Die Schrift ist von Karim.

INS WASSER

»Kann man hier irgendwo Wasserball spielen? Ich hab es doch irgendwo gesehen!« Lissy setzt ihre Sonnenbrille auf, als könne sie dadurch besser sehen. Der weiße Rahmen ist mit schwarzen Punkten verziert, die lila getönten Gläser haben keine Sonnenschutzfunktion, reiner Partyartikel.

Es ist der Queer Summer Splash, der jährliche queere Badetag im Sommerbad Kreuzberg. Am Einlass werden unsere Taschen von Türstehern kontrolliert, als würden wir gleich einen Club betreten. Ich höre schon den Bass der Musik. Der Türsteher kramt in meinen Sachen, durchwühlt Sonnenmilch, Schwimmpaddeln. Ich freue mich so sehr aufs Schwimmen, dass ich glatt zwei Paar Schwimmbrillen eingepackt habe. Doch bin ich auch ein bisschen eingeschüchtert. Karim ist da, und wir werden gleich halb nackt sein. Er hat eine sehr dunkle Sonnenbrille auf. Vielleicht ist es gut, dass wir uns erst mal nicht direkt in die Augen schauen können.

»Den bemalten Mann bitte nicht reinlassen«, kreischt jemand und küsst eine Drag Queen auf den Mund, die dabei ist, mit einem Selfie-Stick ein Live-Video zu machen.

Bratwurstgeruch hängt in der Luft. Neben dem großen Schwimmbecken steht ein Cocktail-Stand mit Ananas- und Flamingo-Deko, es gibt Prosecco auf Eis und Weinschorle, Mondino Spritz, Skinny Bitch und Vodka Maracuja. Das Stadtmagazin *Siegessäule* hat einen Stand, genauso wie das lesbische

Magazin *L-Mag*. Daneben ist eine Bühne aufgebaut, ein DJ legt auf, gerade läuft *Alors on danse* von Stromae. Einige tanzen auf der Wiese, barfuß oder in Flip-Flops, in Bikini und Shorts, viel Rosa und Gelb, fünfzig Meter weiter glitzert das Wasser türkisblau.

Neben dem Kinderplanschbecken liegen Kris und Timo auf der Wiese. Wir breiten unsere Handtücher neben ihnen aus. Timo hat noch ein bisschen Glitzer im Gesicht von irgendeiner Party der vergangenen Nacht, Kris trägt einen schwarzen Bikini. Draußen, in der nicht-queeren Welt, starren die Menschen sie an, wenn sie diese weibliche Badekleidung par excellence anhat – auch wenn sie eine Frau ist.

»Was will man machen?«, sagt Kris. »Ich lass alle gucken, und wenn sie genug geguckt haben, dann ist es okay, dann haben sie mich eingeordnet, und ich hab meinen Frieden. Ich sag immer: Ich seh doch ordentlich aus, bin ordentlich gekleidet, hab einen ordentlichen Bikini an, also eigentlich alles gut.«

»Uiii« kommt von der Rutsche.

Einige Besucher!nnen stehen im Becken unter einem pilzförmigen Brunnen. Eine Frau macht einen Salto ins Wasser, plötzlich ist ihr üppiger Busen verschwunden. »Immer schön auf die Brüste aufpassen!«, brüllt jemand. Die Queen fischt ihre Schaumstoffbrüste aus dem Wasser und wringt sie aus.

»Wollen wir?«, fragt Lissy.

»Leg dich besser in die Sonne«, stöhnt Kris, »das Wasser ist so hochgradig gechlort, da pellt sich bei mir die Haut ab.«

Lissy hatte vor kurzem ihre Brustvergrößerung und sie strahlt.

»Vorhin hat mich ein schwuler Typ angebaggert«, sagt Kris, »über-charming, und ich zu ihm, hey, ich bin ’ne Frau, und er guckt mich völlig verdattert an.«

»Manchmal sage ich, ich bin Italiener«, sagt Karim und verreibt Sonnencreme auf seinem Arm. »Oder aus Spanien. Sonst haben sie Mitleid, und Mitleid macht nicht sexy.«

Ich würde ihm gern den Rücken eincremen, aber er hat noch sein T-Shirt an. Ich ziehe meins aus und tue so, als sei alles ganz normal. Ich trage auch ein Bikini-Top, rot, weil ich das schön finde, trotz all der Brusthaare. Oder vielleicht gerade deswegen? Unten trage ich Shorts, darin fühle ich mich wohl. Karim zieht endlich sein T-Shirt aus, und ich schiele unauffällig hin. Ein bisschen Speck um die Hüften. Das ist süß. Er geht auf die vierzig zu. Brusthaare. Die würde ich gern kraulen. Ich verdränge den Gedanken sofort. Am Himmel ist keine einzige Möwe in Sicht heute.

»Dir sind richtig viele Haare gewachsen«, sagt Lissy, während sie mir den Rücken eincremt. »Sogar auf dem Rücken. Es gibt Frauen, die lieben das.«

»Es gibt auch Männer«, sagt Karim.

Ich werde rot. Früher konnte es für mich nicht glatt genug sein, stundenlang saß ich da und zupfte mir die Haare mit der Pinzette aus. Von der Achsel bis zu den Knöcheln.

»Ich war immer haarlos«, sagt Lissy, »von Haus aus. Guck mal.« Sie zeigt auf ihren Oberschenkel.

Ich creme mir die Beine ein und bemerke, wie sehr sich meine Oberschenkel und Waden geformt haben. Die Adern auf meinen Handrücken sind sichtbarer geworden. Meine Statur hat sich verändert, meine Schultern sind breiter, mein Nacken auch. Meine Haut erscheint mir dicker, mein Bindegewebe weniger locker. Ich freue mich sehr, diese Veränderungen zu beobachten.

»Marktlücke«, sagt Timo und zeigt auf mein Bikini-Top.

»Männer würden BHs nur mit männlichen Mustern drauf tragen«, sagt Kris, »mit Autos. Oder Dollar-Logos. Oder mit zwei Fußbällen, einer links, einer rechts.«

»Oder mit Fell«, sagt Karim.

»Ja«, kreischt Kris, »auch das Material muss männlich sein! BHs aus Leder!«

Im Hintergrund läuft eine Techno-Version von *One Day* von Asaf Avidan. Um uns herum liegen Bears mit pinken Slips, behaarte Männer mit *Love Wins*-T-Shirts, muskelbepackte Frauen mit Tattoos und Baseball-Caps, trans* Männer mit oder ohne Mastek, zwei Typen tragen einen Taucheranzug, eine Person hat eine Beinprothese und einen grünen Iro, die Drag Queen mit der Selfie-Stange taumelt durch die Menge, ihr Oberteil mit Fledermaus-Ärmeln flattert ihr hinterher. Eine Person zieht ihre Perücke aus, bevor sie ins Wasser springt. Aus dem Wasser ragt ein bärtiges Gesicht mit rosa Schwimmkappe. Beim Brustschwimmen werden Köpfe über Wasser gehalten, um das Make-up und die falschen Wimpern nicht zu ruinieren – oder auch um das Wasser nicht zu ruinieren, Ansichtssache. Karim tippt etwas in sein Smartphone. Kris liegt auf dem Rücken. Ich habe Karim eine Zigarette gedreht und überreiche sie ihm. Unsere Hände streifen sich.

»Neulich wollte ich im Freibad vom 10-Meter-Turm springen«, sagt Timo, »aber als ich da oben stand, da hatte ich total Respekt. Ach nee, ach lass mal. Aber die Kids sind einfach losgesprungen, die hatten keine Angst. Also musste ich auch springen.«

»Einmal bin ich wieder die Treppen runtergestiegen«, sage ich.

»Vor der Transition?«, fragt Timo.

Ich nicke. »Ich war sechzehn.«

»Als Mädchen ist es okay, Schiss zu haben, aber als Typ …«

»Vielleicht wär es gut für die Kids, wenn sie sehen, dass es auch okay ist, wenn ein Typ Angst hat …«

»Scheiße. Ich dachte, sie kommt nicht!«, ruft Kris plötzlich.

»Was ist?«, fragt Timo.

»Der ganze Tag ist scheiße.« Sie zieht ihr *Gay Watch*-T-Shirt wieder an. »Pommes mit Mayo, wer will? Pommes mit Mayo?«

»Was hat sie?«, fragt Timo, als Kris in Richtung Bühne gegangen ist.

»Ihre Ex. Da drüben, wo der blaue Schirm ist, links davon.«

Kris' Ex ist mit ihrem neuen Lover da. Arme Kris. Sie hat unter der Trennung ziemlich gelitten. Und dass ihre Ex jetzt mit einem trans* Mann zusammen ist, fühlt sich für sie sicher nicht gerade gut an. Einige sehen Butches als die Vorstufe zu trans*, der Schritt ist nicht immer weit, das erzeugt schmerzvolle Spannungen. Früher wurde Butches vorgeworfen, sie würden das Männerbild zu stark verkörpern, heute stoßen sie auf Unverständnis, wenn sie keine Männer sein wollen.

»Karim, du nickst einfach nur. Sag doch auch mal was«, sagt Timo.

»Ich liege nur da, höre zu, sehe gut aus und lächle.«

»Schlimm schlimm schlimm. Endlich hat er Redefreiheit, und dann sagt er nichts.«

Stille.

»Lasst uns schwimmen!«, rufe ich und springe auf.

»Ich habe keine Schwimmbrille«, sagt Karim.

»Bitte schön.« Ich reiche ihm meine Zweitbrille.

»Viel Spaß, Kinder!«, sagt Timo.

Unsere Flip-Flops klappern in Richtung Schwimmbecken. Das kleine Becken für die Füße zwischen Liegewiese- und Schwimmbeckenbereich ist noch relativ sauber, es schwimmen nur ein paar Grashalme im Wasser. Am liebsten würde ich Karim tragen, um feierlich wie ein Brautpaar über die Schwelle in den Schwimmbereich zu treten.

»Weißt du was?«, sagt er, als wir im Wasser stehen. »Ich glaube, ich bin verliebt.«

Mein Herz trommelt, o.mein.gott.ich.auch.ich.auch.ich. auch. Trotz der Schreie der Kinder im Nichtschwimmerbecken, der »Platschs« von der Rutsche und der Musik aus den Boxen höre ich nur ihn.

»Er heißt José«, sagt Karim, »Er ist halb Deutscher, halb Spanier.«

Ich brauche Glitzer, es ist ein Notfall. Ich atme durch die Nase und lasse die Luft langsam durch den Mund weichen, zweimal länger aus- als einatmen, das habe ich gegen Panik vor Auftritten gelernt.

»Schön … Ich freue mich für dich …« Ich versuche zu lächeln. Irgendwie meine ich es. Wenn Karim glücklich ist … Vielleicht ist es besser, wenn er eine Beziehung mit jemandem hat, der nicht mitten in seiner Transition ist.

Unter Wasser kann man nicht heulen. Der Bass dringt nur noch gedämpft zu mir. Ich folge den abgetrennten Bahnen. Und vielleicht ist es auch für mich besser, wenn ich erst mal Single bleibe. So werde ich wenigstens bei der Frage, ob ich OPs möchte oder nicht, nicht unfreiwillig von jemandem beeinflusst, dem ich gefallen möchte. Womöglich kann ich Karim das, was ich ihm geben möchte, gerade gar nicht geben. Ich wollte eigentlich sowieso keine Liebesbeziehungen mehr mit cis Männern. Cis Männer reden nicht, wenn es ein Problem auf der emotionalen Ebene gibt, und machen das Problem damit erst recht zum Problem. Und ihre Unwissenheit darüber, wie es ist, als Frau zu leben und sexistisch diskriminiert zu werden, selbst bei denjenigen, die sich für Feministen halten, würde ich wahrscheinlich gar nicht aushalten. Außerdem kann kein cis Mann auch nur annähernd verstehen, wie es ist, als trans* Mann zu leben. Wobei cis Frauen das auch nicht können. Aber vielleicht ist das auch alles Bullshit, und ich bin gerade dabei, zu intellektualisieren und auf die Abstraktionsebene zu schwimmen, um das traurige Gefühl zu dämpfen, das sich versucht in mir auszubreiten.

Als ich aus dem Wasser steige, kommt Alex auf mich zu. Genau wie ich in Bikini-Top und Shorts – Alex ist nicht-binär und wählt für sich das geschlechtsneutrale Pronomen »Sier«. Sier organisiert gerade eine Kundgebung zum *Transgender Day of Remembrance*, bei der ich auftreten soll. Der TDoR gedenkt jedes Jahr weltweit der Opfer transfeindlicher Hassmorde.

»Jayrôme! Ewig nicht gesehen!«

»Ja, bei Erwachsenen besteht Freundschaft darin, dass zwei Leute sich sagen: ›Ewig nicht gesehen! Wir sollten echt öfters abhängen!‹, immer und immer wieder, bis einer von ihnen stirbt.« Ich glaube, mein Humor ist gerade seltsam.

»Dann lass uns Samstag sehen!« Sier drückt mir einen Flyer in die Hand. »Schwing die Glitzerpuderquaste, Baby!«

»Eigentlich bin ich weiß«, sage ich zu Timo, als ich zu unserem Platz zurückkomme, und tippe auf den Flyer: *CuTie BPoC, Party für Queer Trans Black & People of Color only. From your best faux-fur to full-on FKK. You're fabulous!*

»Wie meinst du das?«

»Warum hat mir Alex den Flyer gegeben?«

»Wieso bist du weiß?«

»Ich komme aus Frankreich.«

»Gibt es keine People of Color in Frankreich?«

»Schon, aber ich bin weiß.«

»Warum?«

»Keine Ahnung.«

Karim kommt zurück, seine nassen Haare stehen ihm vom Kopf ab. Mit dem Handtuch tupft er sich die Wassertropfen von den Schultern. Ich versuche, nicht an das zu denken, was er mir gerade im Schwimmbecken gesagt hat.

»Guck mal«, sage ich zu Timo, »ich habe einen französischen Vornamen, einen französischen Nachnamen, ich spreche akzentlos Französisch. Ich habe die französische Staatsangehörigkeit, bin also EU-Bürger und habe einen EU-Pass.«

»Und ich habe einen deutschen Pass. Macht mich das weiß?«

»Aber du erlebst in Deutschland Rassismus.«

»Du denn nicht?«

»Bisher eigentlich nicht ...«

»Also ich sehe dich als PoC.« Timo zieht an seiner E-Zigarette. Orangenduft.

Ich bin verblüfft. Meine olivenölartige Haut, die schnell bräunt, meine dunkelbraunen Augen, meine schwarzen Haare ... Als einziges Kind der Familie Robinet habe ich den italienischen Einschlag vererbt bekommen, was meine Geschwister immer veranlasste, sich über mich lustig zu machen: *T'as le teint bis!* Du siehst schmutzig aus!

Plötzlich muss ich an die Teestuben-Besitzerin denken. Und an die Pensionsbesitzerin. Ich möchte zu ihnen rennen: Ich habe verstanden! Ich bin weiß! Ach, Sie fragen sich, warum ich mein Weiß-Sein überhaupt zur Sprache bringe? Wo es doch eigentlich überhaupt keine Notwendigkeit gibt, das zu betonen, denn im Grunde sind ja eh »alle Menschen gleich«? Na gut, wenn Sie eh alle Menschen gleich behandeln, ob weiß oder nicht, dann haben Sie ja eigentlich gar keinen Grund, sich unwohl zu fühlen, oder?

PRIVILEGIEN

Ich lege mein Handtuch auf die Flachbank. Die Langhantel liegt in der Halterung, 2,5-Kilogramm-Scheiben auf beiden Seiten. Für die meisten Männer um mich herum wäre das wahrscheinlich ein Kinderspiel, so als würden sie einen leeren Koffer tragen. Ich lege mich auf den Rücken. Ich ziehe die Schulterblätter nach unten, mache ein leichtes Hohlkreuz. Ich greife nach der Hantel und hebe sie langsam aus der Halterung. Durch meine gepolsterten Handschuhe fühlt sich der kalte Stahl weich an. Durch die Kopfhörer beflügelt mich der Song *Siebenmeilensneakers* von der Rapperin Sookee. Ich drücke die Hantel nach oben und stöhne innerlich auf, dann lasse ich sie langsam wieder sinken, mein ganzer Körper pulsiert, ich will ihn modellieren, meine Brust aufbauen. Der Binder platzt gleich.

Auf der Bank neben mir stemmt jemand sicherlich hundert Kilo, an den Enden der Hantel hängen LKW-Reifen-dicke Scheiben. Er trägt eine Sporthose mit All-over-Print, die Muskeln an seinen Oberarmen treten hervor, er stöhnt, seine Ellbogen zittern. Hinter ihm steht ein Freund, der ihm bei den letzten Zentimetern hilft. Ab und zu sagt er ein paar aufmunternde Worte. Er ist nicht sein persönlicher Trainer, die tragen rote Shirts. Die Szene hat etwas merkwürdig Intimes, etwas Zärtliches.

Als Teenager zählte ich in meinem Madonna-Tagebuch Kalorien. Ich war fest davon überzeugt, dass Männer keine Diäten machen würden und für sie kein Schönheitswahn gelte. Bierbauch okay, Haarausfall okay, Falten okay und komischerweise auch Tränensäcke – obwohl sie natürlich auf keinen Fall weinen durften. Aber war den Jungs in meiner Klasse ihr Aussehen wirklich egal? Über Essstörung oder Muskelsucht redeten sie jedenfalls nicht. Vielleicht fällt das Thema in den großen Bereich des Verletzlichkeit-Zeigens. Und das gilt als unmännlich. Also lieber nicht drüber reden.

Ich drehe die Musik in meinen Kopfhörern lauter. *Pro homo – und die Zeit ist reif / Pro homo – dies ist keine Leichtigkeit / Wie kann man nur hassen, dass Menschen sich lieben / Die Normalität wünscht sich endlich endlich Frieden.* Queerer Hip Hop im Kopfhörer ist eine ziemlich risikoarme Subversion. Ich habe Lust loszutanzen, laufe aber nur dezent im Rhythmus zu Kris, die sich gerade an einer Metallstange in die Höhe zieht. Vor dem Spiegel heben einige Männer Gewichte, sie schwitzen, stemmen die Last angestrengt nach. Mein Blick trifft den eines Mannes, der ungefähr so groß ist wie ich. Ich habe das Gefühl, dass Männer sich tiefer in die Augen schauen als Frauen, irgendwie ernster, eindringlicher. Ich gehe nicht davon aus, dass alle Männer schwul sind. Aber was ist dann ein verführerischer Blick und was ein Ich-nehme-dich-als-Mann-wahr-Blick? Momentan kann ich noch nicht richtig unterscheiden. Ich traue mich nicht, dem Blick lange genug standzuhalten, um das einschätzen zu können.

»Du bist nicht auf Mallorca.« Kris verschränkt die Arme. Sie will mit der Beinpresse weitermachen, aber jemand hat sie mit seinem Handtuch reserviert, während er noch mit den Hanteln trainiert.

»Bin gleich fertig«, sagt er und will sich wieder auf seine Übung konzentrieren.

»Soll ich das Tuch im Fundbüro abgeben?«, meckert Kris.

Der Mann schaut mich an. Er trägt ein hautenges Shirt, durch das sich seine Muskeln abzeichnen. Will er sich mit mir verbünden? Ist er auf der Suche nach Male Bonding? Ich schenke ihm meinen neutralsten Blick. Hinter den Panoramafenstern biegen sich die Eichen im Wind.

»Geh mal zu den Pfadfindern, du musst noch einiges in Sachen Kameradschaft lernen.« Kris seufzt und schnappt sich eine Langhantel. Die Beinpresse bleibt unbenutzt, während der Typ weiter seinen Trizeps trainiert. Am liebsten würde ich ihn schütteln oder laut loslachen.

»Hey, machst du jetzt den Platz frei, oder was?« Mein Blick bohrt sich durch seinen. Das Wage-es-ja-nicht-Spiel. Plötzlich legt der Mann seine Kurzhantel auf den Boden und nimmt sein Handtuch von der Beinpresse. Dabei würdigt er uns keines Blickes, ignoriert uns, um sich keine Niederlage eingestehen zu müssen, sein Trizeps ready für den Runway. Kris zieht eine Augenbraue hoch. Ich bin genauso überrascht. Hat er wirklich auf mich gehört? Der Sieg hat einen bitteren Beigeschmack. Ich würde gerne glauben, dass er nur nachgegeben hat, weil wir unsere Bitte so oft wiederholt haben. Ich wische mir den Schweiß vom Hals. Sollte ich mal vergessen, dass ich Testosteron nehme, werden mich die Schweißausbrüche immer daran erinnern. Kris legt ihr Handtuch auf die Beinpresse. Das strahlende Weiß wirkt mit einem Mal hämisch.

»Neulich hat sich hier eine wegen mir beschwert«, sagt Kris und presst mit aller Kraft die Beine hoch.

Ich hebe zwei Kurzhanteln rechts und links abwechselnd. »Neidisch auf deine Ausstrahlung?«

»Sie dachte, ein Typ hätte sich in die Frauenumkleide geschlichen.«

Ich unterbreche meine Bewegung. Kris erntet oft missbilligende Blicke. Wenn sie eine öffentliche Toilette betritt, wird sie regelmäßig darauf hingewiesen, dass es das Damen-Klo ist. Wenn jemand die Notwendigkeit einer all-gender inklusiven Toilette infrage stellt, sagt Kris: »Dann zeige mir doch die Tür, in die ich gehen soll, wenn ich auf Toilette muss.« Vierzig Jahre nachdem Rosa von Praunheim schwule Männer dazu aufrief, »Raus aus den Toiletten, rein in die Straßen!« zu kommen, ist Kris' Motto: »Raus aus den Straßen, rein in die Toiletten!« Die meisten öffentlichen Toiletten sind entweder für Frauen oder für Männer ausgeschildert. An der Tür ein Wort, ein Symbol, eine Interpretation: Damen oder Herren, Hose oder Rock, Pfeil nach rechts oben oder Kreuz nach unten, rosa oder blau, Schnurrbart oder Blümchen. Der Philosoph Paul B. Preciado schrieb einmal, dass es beim Betreten einer öffentlichen Toilette anscheinend eher darum gehe, einen Geschlechtstest abzulegen, als Urin von Kot unterscheiden zu können. Warum können Klos nicht einfach danach getrennt werden, ob man pinkeln oder kacken muss? Männer machen diese Unterscheidung ja schon: Pissoir oder Kabine. Bei Frauen vermischt sich alles. Hinter verschlossenen Türen. Frauen lernen auch auf der Toilette, dass sie sich schämen müssen. Sie haben Schamhaare, Schamlippen und müssen schampinkeln. Männer lassen Harn vor aller Augen. Heute kann ich zwar im Stehen pinkeln, kann die Reihe mit den Urinalen jedoch selbst in der größten Not kaum nutzen. Mit links und rechts zwei fremden Männern, die dicht neben mir stehen. Und ob sie sicher keinen Blick zu mir rüberwerfen? »Urinale für alle!«, sagt Kris. Schneller, hygienischer, umweltfreundlicher, weil berührungslos und wassersparend. Okay, aber bitte mit Trennwänden. An der Tür würde ein einfaches Piktogramm reichen: Urinale oder Sitzbecken. Einfach die Toilette nutzen, die gerade in der Nähe ist. Ganz pragmatisch. Wie im Zug oder zu Hause.

Auf der Straße fragen Kinder: »Mama, ist das ein Mädchen

oder ein Mann?« Wenn sie gut gelaunt ist, spielt Kris mit: »Da bin ich aber gespannt, was deine Mama sagt!« Am Flughafen sind die Zollbeamten verwirrt: Sollen sie Kris für die Durchsuchung zum männlichen oder weiblichen Kollegen schicken? Im öffentlichen Raum gibt es für Variationen wenig Platz: für maskuline Frauen, für weibliche Männer, für trans* Menschen ohne cis-Passing, für Enbys, für inter* Personen und alle, die sich nicht definieren wollen oder können. Später hat sich die Frau, die sich im Gym über Kris beschwert hatte, tausend Mal bei ihr entschuldigt. Es kam ihr gar nicht in den Sinn, dass Kris nicht unter ihrem Aussehen leidet. Es ist nicht so, dass Kris sich mit ihrem Erscheinungsbild »arrangiert« oder »versucht, damit zu leben«. Im Gegenteil, Kris freut sich über ihr kantiges Gesicht, sie *will* kurze Haare und eine Perfecto und Cowboystiefel tragen. In diesem Outfit fühlt sie sich sexy. Und ihre Lover finden das übrigens auch. Aber eine Butch muss ständig rechtfertigen, warum sie so aussieht, wie sie aussieht. Sie muss eine Menge Zeit und Energie aufwenden, damit andere sich besser fühlen.

Rumms. Irgendwo sausen Gewichte an einem Kabelzug hinunter. Bei meiner letzten Wiederholung fehlt mir die Kraft, um die Hantel sauber und ruhig abzusetzen, und sie knallt auf den Boden. Müsste ich mich jetzt gerade als Skulptur modellieren, würde ich mich bestimmt männlicher formen, als ich eigentlich aussehe. Dann werfe ich einen Blick in den Spiegel und habe das Gefühl, dass das, was ich sehe, stimmt. Mich selbst in meinem Spiegelbild zu erkennen ist ziemlich schön. Mein Körper ist plötzlich der Ort, in dem mein Verstand es sich gemütlich machen kann.

Nach dem Training warte ich im Barbereich auf Kris. Ich bin ganz verschwitzt. Ich traue mich nicht, die Gemeinschaftsduschen zu nutzen, also dusche ich lieber zu Hause. Der Barmann hat einen dunklen Moustache und sieht aus wie aus einem Schwarz-Weiß-Film. Es macht sicher Spaß, die Spitzen beim Nachdenken zu zwirbeln. Er schaut mich an, und ich fühle mich ertappt. Unterhalten sich Männer miteinander über Bartpflege? Ich blättere verlegen in einer Zeitung, die vor mir liegt. Der Barmann stopft Äpfel und Karotten in den Entsafter, es rattert. Kris taucht auf, ihre Elvis-Tolle nicht mehr so ganz gestylt, ihre Sporttasche hat sie sich über die Schulter geworfen. Sie duftet nach Duschgel.

»Tschüüss«, ruft der Barmann, und sein Schnurrbart grinst mich an.

Als wir rauskommen, leuchten die ersten Sterne, der Mond sieht aus wie ein abgeschnittener Fingernagel.

»Das nervt«, sagt Kris. Sie fährt sich mit der Hand durch die Haare, als wären die Finger ein Kamm.

»Haargel vergessen?«

»Der hat mich völlig ignoriert.«

»Wer?«

»Der Typ an der Bar.«

»Der Barmann?«

»Ja, der Typ an der Bar. Der sagt tschüss und guckt nur dich an.«

»Sein Schnurrbart und ich hatten was am Laufen. Deswegen.«

Auf dem Parkplatz fährt ein Auto an, ein Autoradio wird eingeschaltet.

»Genau wie der Typ vorhin mit dem Handtuch.«

»Hast du Hunger?«

»Das nervt echt.«

»Du bist immer schlecht gelaunt, wenn du Hunger hast.«

»Du kannst deine männlichen Privilegien nicht leugnen!«

Ich bin verschwitzt und müde.

»Schau mal meine Perfecto. Wenn *ich* sie anhab, bin ich ein Freak, eine hässliche Frau, die sich nicht an die weiblichen Spielregeln hält. Wenn du sie anhast, bist du sexy. Johnny Depp. Dieselbe Jacke, genau dieselbe Jacke, Mann.«

Im Sternenhimmel über uns spiegelt sich das unendliche Spektrum an Verhältnissen zwischen Kris und mir und Männern und Frauen und allen anderen Menschen. Ich fühle mich plötzlich wie an dem Tag, als mein Vater mein Schmusetuch in den Müllschlucker geworfen hatte, weil er der Meinung war, ich sei dafür zu groß. Ich weiß, was Kris meint. Ich habe einige männliche Privilegien, ja. Ich bin heute in der Lage, einen ganzen Satz zu bilden, ohne von einem Mann unterbrochen zu werden. Aber ich unterbreche mich doch selbst! Männer betrachten mich heute als ihresgleichen – oder besser gesagt als jungen Burschen, den sie duzen dürfen und nicht so ganz ernst nehmen müssen. Ich kann für meine eigene Meinung einstehen, ohne fürchten zu müssen, als Zicke zu gelten, ich darf aggressiv sein, und das kann mich sogar aufwerten. Aber ich darf nicht mehr schwach sein oder Zärtlichkeit zeigen. Es gibt kaum Räume, in denen ich über meine Gefühle reden kann. Sollte ich Kinder bekommen, könnte ich meine Karriere verfolgen, ohne als Rabenvater bezeichnet zu werden. Aber um meinen Personenstand zu ändern, hätte ich mich sterilisieren lassen müssen – das galt bis vor wenigen Jahren in Frankreich. Ich muss mich von Röcken, von bunten Farben, von Make-up verabschieden, wenn ich nicht in der Öffentlichkeit angestarrt oder beschimpft oder zusammengeschlagen werden will. Wenn ich in die Notaufnahme komme, kann es sein, dass mir eine angemessene Behandlung verwehrt wird oder dass alle medizinischen Themen auf mein Geschlecht zurückgeführt werden. Welche Privilegien sind das, wenn ich dafür nicht existieren darf?

Am Tag danach bin ich mit Christelle bei Karstadt. Wir sind durch den Eingang bei der Parfumabteilung reingegangen, ich habe Kopfschmerzen von den penetranten Düften. Im Blumengeschäft riecht es dezenter, aber die Chrysanthemen verwandeln sich in meiner Nase sofort in Coco Chanel. Christelle will nur kurz etwas nachfragen. Sie hat gehört, dass ein Azaleentopf neben dem Spülbecken das Ammoniak neutralisiert, das im Spülmittel enthalten ist. »Stimmt«, antwortet der Verkäufer mit grüner Schürze, ohne den Blick von mir abzuwenden, »Man kann seine Wohnung so sehr putzen und mit antibakteriellen Reinigungsmitteln überschwemmen, wie man will. Letztendlich sind es die Giftstoffe, die im Putzmittel enthalten sind, oder auch in Heizkörpern, in Farbe, in Wand- und Deckenverkleidung, *die* vergiften unsere Umgebung! Ganz zu schweigen vom Zigarettenrauch.« Sein Blick ist mir unangenehm. Ich habe die Frage nicht gestellt, sondern Christelle, ich will gar keine Pflanze kaufen, bei mir sterben sie alle früher oder später. Ich versuche, den Blick durch den Blumenladen schweifen zu lassen und unauffällig einen Schritt zurückzutreten. Doch der Verkäufer bleibt hartnäckig, unbeirrt spricht er weiter in meine Richtung: »Kakteen! Im Büro sind Kakteen die besten Kollegen! Ein nur dreißig Zentimeter großer Kaktus kann die schädliche Wirkung der elektromagnetischen Strahlung von Monitoren aufheben!«

»Wissen Sie, Sie können genauso gut mit der Person an meiner Seite sprechen, sie hat die Frage gestellt und versteht unsere Sprache sehr gut. Sie eignet sich hervorragend als Gesprächspartnerin.« Vielleicht sollte ich das sagen. Aber ich will

Christelle auch nicht bevormunden. Sie lächelt höflich. Ihre Reglosigkeit ist merkwürdig. Normalerweise ist sie immer in Bewegung, streicht sich durch die Haare und gestikuliert, jetzt ist sie wie erstarrt. Warum ist sie nicht zornig? Es ist fast schmerzhaft, ihr gutes Benehmen zu beobachten. Wahrscheinlich ist diese Situation für sie Gewohnheit. Soll ich mir die Fingernägel feilen, um dem Typ zu zeigen, dass ich als Ansprechpartner nichts tauge?

Nachdem wir das Blumengeschäft verlassen haben – ohne Azalee –, schauen wir uns in der Buchabteilung noch die Neuerscheinungen an. Wir schweigen. Als würden wir beide spüren, dass etwas gerade nicht in Ordnung war, wissen aber nicht so recht, was wir sagen sollen. Die Bücher auf den Stapeln glänzen. Im Kopf verbinde ich mehrere Titel zusammenhangslos miteinander, vielleicht bringe ich so einen ganzen Satz raus. Dann fällt mir ein, dass ich in der Postfiliale ein Paket abholen muss, und krame in meinem Rucksack nach der Benachrichtigungskarte.

»Ich geh mal eine rauchen«, sagt Christelle.

Am Schalter überreiche ich dem Postangestellten meinen Abholschein, dazu meinen Personalausweis. »Und das sollen Sie sein?«, fragt der Mitarbeiter. Er ist klein, und die Post-Uniform steht ihm gar nicht so schlecht, kurzärmliges, himmelblaues Hemd, ein um den Hals geknotetes Tuch wie bei den Pfadfindern. Wortlos halte ich ihm meinen Ergänzungsausweis hin.

»Das Paket ist aber auf einen anderen Namen adressiert.«

»Ja, aber sehen Sie doch hier.« Ich tippe auf den Ergänzungsausweis.

»Das tut mir leid. Ich kann Ihnen das Paket nicht geben.«

»Aber hier steht doch ›Jayrôme‹.«

»Aber auf Ihrem Personalausweis steht Céline.«

»Aber auf diesem Ausweis …«

»Ist der offiziell?«

»Er wurde von dieser Organisation hier ausgestellt.« Ich tippe auf das Logo der Deutschen Gesellschaft für Transidentität und Intersexualität.

»Ist das offiziell?«

»Die Bundesregierung hat die Ausstellung bewilligt.«

Er dreht den Ergänzungsausweis um, schaut die Rückseite an, schaut mich wieder an, kratzt sich an der Stirn. »Es tut mir leid, aber ich kann Ihnen das Paket nicht geben.«

»Was schlagen Sie vor?«

»Bitten Sie den Absender, das Paket noch einmal zu senden. Auf den richtigen Namen.«

»Ich weiß nicht einmal, wer der Absender ist!«

Er seufzt: »Okay.« Er verschwindet kurz, um das Paket zu holen.

Mein Glaube an die Menschheit ist wiederhergestellt. Er schiebt das Paket über den Schalter in meine Richtung.

»Danke!«

»Nein.« Er lässt das Paket nicht los. »Schauen Sie, wer der Absender ist.«

»*Vous êtes vraiment un connard!*« Ob er das französische Wort für Arschloch versteht?

Kris hat Unrecht. Auch bei den Pfadfindern lernt man keine Kameradschaft.

»Das tut mir leid«, sagt Christelle, als ich wieder vor den Büchern stehe.

Ich brauche eine Aspirin oder einen Whisky.

»Das war ein Paket von meiner Schwester.« Ich massiere mir die Schläfen.

»Ich habe deinen Namen noch gar nicht …« Sie zückt ihr

Smartphone. »... aber das mache ich jetzt gleich!« Sie scrollt in ihrem Adressbuch, findet mich, tippt etwas ins Handy. »So, jetzt bist du richtig drin.« Sie klappt das Etui wieder zu, die Hülle hat einen integrierten Akku. Christelle hat immer die neueste Technologie, nur was meine Transition betrifft, hinkt sie noch ein wenig hinterher.

»Warte mal ... Zeig mal den Abholschein ...« Sie grinst. »Cool. Du kriegst dein Paket heute noch!«

»Wie?«

»Du gibst mir eine Vollmacht!«

Sie hält mir einen Stift hin, der sich anfühlt, als würde sie dem Post-Pfadfinder den Mittelfinger zeigen. Es ist so absurd: Christelle, die nicht ich ist, darf meine Post holen, und ich, der ich bin, darf das nicht. Kurz überlegen wir, ob ich mir die Vollmacht nicht selbst erteilen könnte, aber müsste Jayrôme dann Céline bevollmächtigen oder Céline Jayrôme? Wir beschließen, dass Christelle die bessere Abhol-Kandidatin ist.

Ein Freund hat mir erzählt, dass es in Großbritannien einfacher sei, den eigenen Vornamen zu ändern als das Kfz-Kennzeichen. Bis vor kurzem war eine Vornamensänderung in Frankreich mit extrem hohem bürokratischem Aufwand verbunden. Und um meinen Personenstand zu ändern, hätte ich mich laut dem Gesetz sogar sterilisieren lassen müssen. Lange war das in Deutschland auch so, bis 2011 das Bundesverfassungsgericht erklärte, dass die Zwangssterilisation grundrechtswidrig ist. Mittlerweile wurde das Transsexuellengesetz in sechs verschiedenen Bereichen vom Gericht gekippt, so zum Beipiel der Operations- und Scheidungszwang als Voraussetzung für die Änderung des Geschlechtseintrags oder der Verlust des geänderten Vornamens bei Eheschließung. Trotzdem weigert sich die Bundesregierung, das Transsexuellengesetz durch ein modernes Gesetz zu ersetzen, das das Recht auf Selbstbestimmung schützt. Europäische Länder wie Schweden, Dänemark oder Irland zeigen, dass die Änderung des Geschlechtseintrags ohne Problem vonstattengehen kann: Dort wird es als reiner Verwaltungsakt beim Standesamt geregelt – ohne medizinische Gutachten, ohne Gerichtsverfahren. Auch auf supranationaler Ebene gibt es Empfehlungen vom Ministerkomitee des Europarates zum Schutz von trans* Personen, an die sich allerdings viele Mitgliedstaaten nicht halten. Kurz: Eigentlich leide ich nicht an geschlechtlicher, sondern an bürokratischer Dysphorie.

Warum sollte man das eigene Geschlecht nachweisen müssen? Es ist unlogisch: Die meisten Menschen sind davon überzeugt, dass es anatomische, biologische, für das bloße Auge sichtbare Unterschiede zwischen Männern und Frauen gibt. Wenn das Geschlecht so offensichtlich ist, warum muss es dann im Geburtenregister und im Pass stehen? Haben die Menschen Angst, ihre Mitbürger!nnen nicht voneinander unterscheiden zu können? Fürchten sie, dass dann alle Menschen gleich aussehen? Ist das ihr Horror-Szenario, wenn man den Geschlechtseintrag einfach selbstbestimmt eintragen, ändern oder leer stehen lassen könnte? Denken sie, dass alle sich dann plötzlich für die dritte Geschlechtsoption »divers« anstelle von »männlich« oder »weiblich« entscheiden würden, wenn diese Option für alle offen wäre – und nicht nur für intergeschlechtliche Menschen, also Menschen, die mit Geschlechtsmerkmalen geboren werden, die weiblich und männlich zugleich, nicht ganz weiblich oder männlich oder weder weiblich noch männlich sind? Sehen sie die Menschheit von so viel Diversität bedroht?

Wenn ich eine Person neu kennenlerne, bekomme ich ihren Pass oder ihre Geburtsurkunde zunächst eigentlich nicht zu Gesicht. Trotzdem kann ich mich zu ihr hingezogen fühlen, mich in sie verlieben, mich fortpflanzen. Es funktioniert also theoretisch alles, ohne dass offiziell ein Geschlecht eingetragen wird oder ohne dass das Geschlecht überhaupt *irgendwo* erfasst wird. Einige sagen, dass sich dann die Frauenquote erübrigen würde, weil sie sich an der binären Geschlechtereinteilung orientiert. Glückwunsch! Das Ziel der Frauenquote ist doch Gleichbehandlung und nicht, dass sie bestehen bleibt. Und man kann trotzdem über Geschlechter(verhältnisse) reden, auch wenn sie nicht mehr im Pass stehen. Die sexuelle Orientierung oder die Religion stehen ja auch nicht im Pass.

Als ich das Päckchen endlich in den Händen halte und öffne, finde ich eine Frühstücksschale aus der Normandie. Diese Schale hat meine Schwester sicher selbst bedrucken lassen, denn die Schreibweise »Jayrôme« ist ungewöhnlich.

Wir reden nicht viel in meiner Familie, aber manchmal reicht auch ein einziges Wort.

BOYS DO CRY

Die Frau schaut mich an, als hätte ich an einem Sonntagmorgen Glasflaschen in den Altglascontainer krachen lassen. Dabei habe ich einfach die Tür aufgestoßen und bin ganz pragmatisch als Erster in die Karstadt-Filiale gelaufen. Ich habe nicht einmal daran gedacht, ihr den Vortritt zu lassen.

Ich bin auf der Suche nach Fliesenaufklebern für mein Badezimmer. Ich will unbedingt das Deko-Wunder heraufbeschwören: kleine Veränderungen mit großer Wirkung. Während ich die Motive durchgucke, merke ich, wie der Security in Zivil mich unauffällig – zumindest denkt er das – beobachtet. Sein Blick ist Sprache im poststrukturalistischen Sinne: ein Blick, der die Realität nicht nur abbildet, sondern auch herstellt. Ich habe auf jeden Fall das Gefühl, dass ich gerade zu einem Dieb gemacht werde. Ich bekomme Lust, einen Kühlschrank-Magnet zu klauen. Ich finde einen, der perfekt zu Niko passt: ein kleines, schwarzes Quadrat mit dem Spruch »Kleinster Darkroom der Welt«. Und eigentlich auch zu Timos neuem Kühlschrank. Am Ende kaufe ich zwei. Und wie trägt ein echter Kerl zehn Kilo Katzenstreu? Soll ich den Sack über die Schulter schmeißen und gemütlich laufen? Den Sack hinter dem Kopf auf den Schultern tragen? Unter dem Arm? Mit beiden Händen vor dem Bauch? Mit einer? An den Schlaufen baumelnd wie einen Aktenkoffer? Oder sind Männer vielleicht einfach keine Katzenbesitzer?

Zu Hause ziehe ich den Binder aus und will die Fliesenaufkleber direkt anbringen. Ich besprühe die Klebefläche mit Glasreiniger. Ich mag den Geruch.

»Du brauchst einen guten Maler.« Karim nimmt mir den Aufkleber aus der Hand. Er zieht die dicke, weiße Folie ab, auf der ein Seepferd zu sehen ist. Ich nehme einen Clownfisch: »Clownfische wechseln das Geschlecht. Wusstest du das?«

»In *Findet Nemo* nicht.«

»Der Film ist Quatsch.«

»Warum hat Disney das verschwiegen?«

»Vielleicht hatten sie Angst, die Kinder zu schockieren?«

»Kids sind von so was doch begeistert.« Karim positioniert den Aufkleber auf der Fliese und streicht darüber, um die Bläschen zu beseitigen. »Gibt es eigentlich Seestuten?«

Er neigt den Kopf leicht zur Seite, betrachtet sein Werk und beschließt, dass es noch nicht passt. Er löst den Aufkleber wieder und klebt ihn erneut auf die Fliese. Ich lächle. »Ein bisschen schief darf es sein.«

»Nein.«

»Doch.«

»Bei dir vielleicht. Aber echte Männer machen es ordentlich.«

»*Fuck you!*« Ich stoße ihn weg. Ich verschränke die Arme, als Ersatz für den Binder. An Karims Blick erkenne ich, dass er nicht versteht, warum ich sauer bin.

»*Echte Männer*?«

»So war das nicht gemeint! Ich schwöre, das hat nichts mit dir zu tun, das ist eine arabische Redewendung. Ab jetzt weiß ich, dass ich bei dir besonders aufpasse, weil du sensibel bist, ich verspreche es. Ich schwöre, irgendwann werde ich auf einer einsamen Insel leben, weil menschliche Kommunikation so schwierig ist.«

Ich muss schmunzeln. Irgendwie ist es süß, wie er übertreibt. Karim kommt nicht aus einer westlichen, queeren Blase. Ich bin der erste trans* Mann, dem er je begegnet ist. Und dafür ist sein Umgang mit mir ganz schön natürlich. Ich schaue in seine Augen, und die Traurigkeit, die ich darin erkenne, auch wenn er lächelt, lässt mich die Waffen strecken. Ich würde ihn gern umarmen. Ich möchte sein Boyfriend sein, sein bester Freund, sein Bruder, sein Partner, sein Lover, sein Mann, aber gerade kann ich ihn nicht einmal an mich drücken, weil meine Brust zu viel ist, und ich könnte heulen.

Eine Stunde später bringt Karim als Überraschung zwei Tüten Eis vom Hermannplatz mit. Ich stelle mir seinen Weg von der Eisdiele bis hierher vor, nur für mich, die Pflastersteine, und wie er die schwere Haustür mit den beiden Waffeln in der Hand öffnet, das Eis, das zu schmelzen beginnt, der weite Weg hoch in den vierten Stock. Nun sitzen wir auf der Couch, schweigend, lecken unser Eis und schauen uns aus den Augenwinkeln an. Man kann nicht sauer auf jemanden sein, der ein Eis leckt.

Am nächsten Morgen fahren wir zum Jobcenter, weil Karim sich über eine Ausbildung als Maler und Lackierer informieren will. Auf dem Weg dorthin werden wir trotz des grünen Ampelmännchens von einem Autofahrer beschimpft. Er ist der Meinung, dass wir die Straße nicht schnell genug überqueren. Ich hake mich bei Karim unter. Karim wartet immer bei Rot. »Es beruhigt mich«, sagt er, »so kann ich entspannt laufen, und der Autofahrer kann sich auch entspannen. Win-win-Situation.« Wahrscheinlich hat er Recht. So gehen wir alle entspannter durch den Tag.

Heute früh hat Karim erfahren, dass eine befreundete Aktivistin, die lange verschwunden war, ums Leben gekommen ist, und ich weiß nicht, was ich sagen soll. Wir laufen schweigend, Arm in Arm, ich schaue in den Himmel. Über der Stadt stoßen breite Wolken gegeneinander. Die frische Morgenluft dringt in die Straße und in mich hinein. Ist es nicht ein Rätsel und beinahe furchterregend, das fragte sich schon Sophie Scholl, dass etwas so schön sein kann, trotz des Schrecklichen, das geschieht? Ich spüre den Ärmel von Karims Pulli an meinem Arm. Mein Lächeln trägt Traurigkeit in sich, aber das ist nicht alles. Wenn es diese Mikro-Momente der Freude, diese winzigen Klinker des Glücks gibt, dann kann jedes Atom meiner selbst zu einem dieser Legosteine werden.

Im Jobcenter erklärt Karim am Schalter sein Anliegen. In der Schlange hat er mich gefragt, ob er lieber »Ich will« oder »Ich möchte« sagen soll. Ihm ist es sehr wichtig, auf Deutsch zu sprechen. Ab und zu helfe ich aus und übersetze für ihn. Die Mitarbeiterin guckt uns an. Kein Lächeln. Reglose Augen. Kein Stirnrunzeln unter dem Kurzhaarschnitt. Wahrscheinlich hat sie sich diese Unfreundlichkeit im Laufe der Zeit angeeignet. Vielleicht als Schutzmechanismus? Oder sie ist einfach müde oder traurig oder emotional abgestumpft. Sie erklärt Karim, dass er jetzt keinen Termin kriegt, er muss erst ein gelbes Formular ausfüllen, dann wird er innerhalb der nächsten 48 Stunden angerufen, und vielleicht – sie betont das Wort »vielleicht« – bekommt er dann einen Termin. Karim wartet. Er wartet auf Termine, wartet auf Bewilligungen von diesem und jenem, wartet auf die Entscheidung vom Bundesamt für Migration und Flüchtlinge. Von seiner Anhörung, die das Asylverfahren abschließt, hat er mir nur wenig erzählt. Dass der Dolmetscher überfordert war und das Wort »homosexuell« auf Arabisch nicht kannte und dass er ihm dazu riet, nichts Schlechtes gegen den Islam zu sagen. Karim hatte im Vorfeld Begriffe auf Deutsch auswendig gelernt, »schwul«, »Menschenrechte«, »Verfolgung«, um prüfen zu können, ob der Dolmetscher sie tatsächlich verwendete. Er hatte schon gehört, dass die mangelhafte Kompetenz von Dolmetscher!nnen häufig die Ablehnung des Asylantrags zur Folge hat.

Als wir uns umdrehen, um das Jobcenter zu verlassen, sagt die Person hinter uns in der Schlange im Vorbeigehen zu mir: »Was, und du bist nur gekommen, um zu übersetzen, oder wie?« Ihr Ton ist eine Mischung aus Erstaunen, Überheblichkeit, Empörung und Angst. Sie hat unreine Haut und Falten, Tränensäcke, das Oberlid fällt ihr ins Auge, auf jeden Fall ist sie jemand, der es im Leben nicht leicht hat, der sich durchwurschteln muss, ja durchbeißen, von einem Tag zum nächsten, von einem Jahr zum nächsten. Irgendwie sieht sie der Mitarbeiterin des Jobcenters nicht unähnlich. Vielleicht freut sie sich, dass ich nur der Übersetzer bin, also nicht bedient werden muss und sie schneller dran ist, als sie dachte – wie wenn im Supermarkt ganz unerwartet eine neue Kasse öffnet. Vielleicht hat sie die Abwertung, die sie ihr ganzes Leben lang erfahren hat – als Frau, als Arbeitslose, als Sozialhilfeempfängerin –, einfach verinnerlicht. Großmäuligkeit als Trotzreaktion. Wie dem auch sei, ihr Ton macht mich ein bisschen traurig und auch sauer. Ich hätte gern, dass diese Menschen Karim mit meinen Augen sehen. Zu Karims Glück – manchmal auch Unglück – sehe ich ihn nicht als Flüchtling. Das führt dazu, dass ich nicht besonders behutsam mit ihm umgehe, sondern ihn wie alle anderen Menschen behandle. Ich will, dass andere auch sehen, wie klug und stark und sensibel und zart er ist. Aber auch, dass er Farbkleckse auf meinem Boden hinterlässt und manchmal Sachen sagt, die er gar nicht so meint. Ich möchte, dass er endlich die Entscheidung vom BaMF bekommt.

Nach dem Besuch beim Jobcenter gehen wir noch kurz zu Rossmann. Ich brauche Rasierschaum. Ich will mich zum ersten Mal rasieren. Mein Bart ist buschiger geworden, mit ein paar Lücken auf den Wangen. Der Haarwuchs wird durch eine Rasur zwar nicht angeregt, aber die Haare wirken beim Nachwachsen rauer als der dünne Flaum, den ich jetzt habe, weil sie an der dicksten Stelle abgeschnitten werden. Da Karim und ich nicht wissen, wo sich der Rasierschaum befindet, will ich eine Kundin fragen, die vor dem Regal mit den Tagescremes steht. Der Laden ist leer, und sie ist die einzige Person in Sicht. Sie ist um die fünfzig, hat kurze Haare, rot getönt, vielleicht sollte es Kastanie werden. Kaum habe ich meinen Satz angefangen, greift sie nach dem Einkaufskorb an ihrem Fuß und gibt Fersengeld: »Bin nicht vom Laden!«, sagt mir ihr Rücken. Ich bin irritiert. Denkt sie, dass ich etwas im Schilde führe? Oder dass ich sie anbaggern will? Bei den Zahnpasten treffe ich sie wieder. Ich überlege, ihr ein Versöhnungsangebot zu machen – irgendwie weiß ich, wie es ist, von einem fremden Typen unter irgendeinem Vorwand angemacht zu werden. Aber ich ahne, dass mein Versuch, egal wie verständnisvoll er sein mag, als ein wenig erbärmlich und abscheulich empfunden werden wird. Noch bevor ich meine Idee in die Tat umsetzen kann, hat sie mich entdeckt und verdreht die Augen. Demonstrativ seufzt sie: »So eine Frechheit.« Sie greift erneut nach ihrem Einkaufskorb und verzieht sich wieder, als wäre sie beim Staffellauf und hätte sich selbst den Stab gereicht. Mir ist die Lust vergangen, nach Rasierschaum zu suchen.

»Ich möchte … ich will das Zeichnen nicht verlernen«, sagt mir Karim am Abend. Zart hört sich das an. Im Hintergrund überlegen Oud-Töne, ob sie zu Linien, Bögen oder Wellen werden sollen, eine Klarinette tastet sich heran, eine Flöte kommt ins Spiel, dum tak dum tak, die Schläge einer Darbuka verbinden sich zu einem Rhythmus und beginnen eine sanfte Kissenschlacht. »Einfach mit Bleistift. Damit kann man wunderbar zeichnen, aber auch Schatten darstellen.«

Ich sehe wahrscheinlich furchtbar aus. Ich habe gerade wegen des Todes seiner Freundin geweint, auch wenn ich sie nicht kannte. Ich wollte nicht vor Karim heulen, also bin ich in den Park hinter meiner Wohnung gegangen, oben auf den kleinen Hügel. Der Horizont hatte irgendwann die Sonne eingeholt, und als meine Augen trocken waren, ging ich zurück nach Hause.

»Man darf nie zu viel radieren. Lieber mal einen falschen Strich stehen lassen. Na ja, was heißt falsch … Wirkt origineller als ein sauber gemalter Versuch.«

Es fühlt sich intim an, von zwei so konzentrierten Augen ganz genau beobachtet zu werden. Mein Gesicht wird in Strichen auf das Papier gebracht, sie sind dabei, sich in einen Menschen zu verwandeln. Sein Blick fällt auf mich, auf seinen Skizzenblock, wieder auf mich. »Streichen« und »streicheln«, die beiden Verben verwechsle ich immer, heute weiß ich warum. Karim schließt ein Auge, streckt den Arm aus, misst meine Größe mit dem Stift.

»Alle fragen mich immer: Und? Wie haben deine Eltern reagiert? Es muss schwierig sein für Muslime, so mit einem schwulen Sohn.«

Kiwi kratzt am Sessel. Sie nutzt es aus, dass ich mich nicht bewegen kann.

»Alle gehen einfach davon aus, dass ich Muslim bin. Sie ist lustig. Ich mag Katzen. Kein Tier kann ein Snob sein.«

Am Anfang wollte ich Kiwi noch erziehen, habe ihren Kratzbaum mit Katzenminze aufgepimpt, eine kleine Wasserpistole gekauft, die wirklich nur ganz wenig Flüssigkeit spritzt, und immer wenn sie anfing, sich an den Möbeln auszulassen oder an den Gardinen hochzuklettern, bespritzte ich sie. Aber

Kiwi steht total auf Wasser. Und ich beschloss, dass man ja irgendwie auch merken muss, dass man eine Katze hat.

»Hier.« Karim hält mir den Block hin. In seinen Augen sehe ich schön aus. Meine Stirn ist höher geworden. Ich habe zwar noch keine Geheimratsecken, aber der Haaransatz an meinen Schläfen hat sich verändert. Nun wäre sorgfältiges Bleistiftspitzen angesagt, mit meinem Herzen als Anspitzer, der das Holz fein und gleichmäßig abschabt, um weitere Bilder zu schaffen, Bilder, auf denen ich übe, glücklich zu sein. Karim krault Kiwis Kinn.

»Meine Mutter hat mich immer unterstützt. Ich brauchte kein Coming-out. Aus dem Schrank gekrochen kommen, wie aus einem Beichtstuhl, ist das nicht eine ziemlich christliche Herangehensweise?« Er schließt die Augen. Als er sie wieder öffnet, sind sie voller Tränen. Zum ersten Mal traue ich mich, ihn zu umarmen.

THE KING

Mittagspause. Die Sonne wärmt meine linke Schläfe. Ich sitze draußen und warte auf meine Linsensuppe. Vor mir blühen die ersten Krokusse, Fahrräder glitzern wie Forellen, Vögel zwitschern Eichhörnchen an. Irgendwo spielt ein Akkordeon.

Gestern hatte ich die Bäckerei-Verkäuferin darum gebeten, das Mini-Baguette – die Schrippe – als Beilage zu meiner Kürbissuppe durch ein Vollkornbrötchen zu ersetzen. Ein echtes Baguette mag praktisch sein, unter den Arm geklemmt, aber Weißbrot versagt in einem Punkt: Nährstoffe. Heute habe ich vergessen, ihr Bescheid zu sagen, und jetzt bin ich zu faul, um noch einmal aufzustehen. Der Duft nach frisch gebackenen Kuchen erinnert mich an die Pizzeria von meinem Onkel Enzo, die Verkäuferin könnte meine Cousine sein – ihre Lippen sind weit über den Rand hinaus angemalt, die Augenbrauen stark gezupft und mit einem Stift nachgezeichnet. Die Sonne ist so warm, dass sich mein linker Oberschenkel anfühlt, als hätte ich eine heiße Pfanne draufgestellt. Meine »Cousine« taucht neben mir auf und stellt die Linsensuppe auf meinen Tisch. Neben der Schale auf dem Teller entdecke ich ein Vollkornbrötchen.

»Gestern habe ich gesehen, dass Sie lieber Vollkornbrot essen.« Sie lächelt.

Das mag ein kleines Detail sein, aber in 38 Jahren habe ich eine solche Zuvorkommenheit von Frau zu Frau nie erlebt.

Früher wurde mir durch die Blume eher zu verstehen gegeben, dass meine Sonderwünsche stören. Vollkorn statt Schrippe? Ja, aber es kostet extra! Auch gestern musste ich einen Aufpreis zahlen, aber die Art und Weise, wie mir das kommuniziert wurde, war komplett anders. Auf subtile Art und Weise, im Blick der Person, im Tonfall ihrer Stimme, im Lächeln oder in der Miene merkt man den Unterschied: Entweder man gilt als Nervensäge, die extra Arbeit kostet. Oder man ist ein Mann, der weiß, was er will. Auch als Frau wurde ich natürlich manchmal betont zuvorkommend behandelt, aber dann von Männern, und dann war es meist entweder eine Anmache, oder es hatte etwas Herabstufendes.

Für einen Moment spüre ich die Versuchung, die Freundlichkeit der Bäckerin zu genießen, dem aufkommenden Machtgefühl zu frönen. Schließlich ist sie meinem Wunsch freiwillig zuvorgekommen. Leider weiß ich, dass zum einen genau das von Frauen erwartet wird und dass sie mir zum anderen das Vollkornbrötchen früher nicht gebracht hätte. Frauen sorgen in erster Linie dafür, dass Männer sich wohl fühlen. Sie sorgen für Harmonie. Glätten die Wogen. Wenn eine Frau vor allem dadurch anerkannt oder dafür belohnt wird, sich an den Bedürfnissen und Wünschen anderer Personen zu orientieren, und andernfalls schnell als Zicke, Tussi oder Schlampe gilt, überlegt sie es sich wohl zweimal, bevor sie zuerst an sich denkt. Wieder spüre ich eine kognitive Dissonanz: Mein Wunsch danach, wie ein Mann behandelt zu werden, ist schwer vereinbar mit meiner Einstellung zum Patriarchat.

An welchem Männerbild kann ich mich orientieren? Die zwei Männer, mit denen ich aufwuchs – mein Vater und mein Bruder –, besaßen keine ganz herkömmliche Form von Männlichkeit. Mein Vater kochte, putzte, bügelte, konnte einfühlsam sein, wenn er wollte – auf der anderen Seite war er das strenge

Familienoberhaupt, das sagte, wo es langgeht. Wenn er gut drauf war, fuhr er im Takt der Musik zickzack, gab seinem Citroën AX mit der Bremse leichte Stubser, und wir Kinder schrien vor Begeisterung und Angst wie in der Achterbahn. In solchen Momenten fand ich es schön, dass mein Vater gesellschaftliche Konventionen nicht einzuhalten schien. Aber manchmal hatte ich auch den Eindruck, dass sein Engagement im Haushalt und seine Soft Skills dem traditionellen männlichen Fokus auf Hierarchie, Status und Konkurrenz dienten. Er wollte meine Mutter an den Rand drängen, er wollte die Allmacht. Mein Vater – der tatsächlich aussah wie Alain Delon – flirtete mit den Kassiererinnen, der Bäckerin, der Blumenhändlerin. Zu Hause stand oft ein frischer Blumenstrauß, aber zu Hause war mein Vater schweigsam. Er machte Kreuzworträtsel und sah fern. In der Öffentlichkeit strahlte er, wurde von Fremden, Kollegen und Verwandten vergöttert, zu Hause ignorierte er uns. Lange konnte ich keine Schnittblumen kaufen. Nicht, weil es tote Dinge sind, sondern weil ich auf keinen Fall sein wollte wie mein Vater.

Mein Bruder war lange Zeit mein Vorbild. Er stopfte seine Socken, er strickte, spielte Karten. Er war wie meine dritte Schwester. Vielleicht hatte er keine Lust auf das größte Steak, auf den Druck, groß und stark werden zu müssen. Vielleicht empfand er es aber auch als emotionale Gewalt, als er merkte, dass er Privilegien hatte – mehr Essen, coolere Spielzeuge, einen Jungfernflug, kein Partyverbot. Wie erklärt sich ein Kind, warum es besser – anders – behandelt wird als seine Geschwister? Ganz zu schweigen davon, dass das »Auserkorensein« ihn isolierte. Wie sollte er sich als Geschwisterteil zugehörig fühlen, wenn er uns nicht auf Augenhöhe begegnen konnte?

Ich stehe vor dem Spiegel. Als Kind beobachtete ich manchmal meinen Vater, wie er mit seinem Dachshaar-Pinsel die Rasierseife in weichen Schaum verwandelte, sich das Gesicht damit massierte und anschließend mit der Rasierklinge darüberkratzte. Ob er meinem Bruder in der Pubertät beigebracht hat, wie man sich richtig rasiert? »Jeder macht das auf seine Art«, sagte mir Niko. »Mein Vater hat es mir nicht gezeigt. Der Eine sagt nur Nassrasur, der Andere nur Trockenrasur mit Braun-Rasierer, der Dritte schwört auf eine Kombination aus beidem, und der Vierte sagt wieder was anderes.«

»Und trägst du Lotion auf? Also Aftershave oder so?«

»Hab ich eine Zeitlang gemacht. Aber ich weiß eigentlich nicht, wozu.«

»Desinfiziert«, sagte Karim. »Bei einem Elektrorasierer brauchst du das aber nicht.«

Ich habe die Idee der Nassrasur aufgegeben. Nachdem mir Karim gezeigt hatte, wie man sein Gerät an- und ausschaltet, hat er das Badezimmer verlassen. Ich hätte mir gewünscht, dass er bleibt und mir Rasier-Tipps gibt. Ich schalte den Rasierer an. Es surrt leise. Ich fange mit der rechten Wange an. Die Haare fallen in kleinen Büscheln in das Waschbecken. Dann das Kinn. Den Hals. Die Oberlippe. Schwarze Härchen auf weißer Keramik. Als ich fertig bin, betrachte ich mich im Spiegel. Ich bin entsetzt. Ich sehe aus, als wäre ich zwölf Jahre alt. Wie versteckt man das Fehlen eines Barts? Gegen eine misslungene Frisur kann man wenigstens eine Mütze tragen. In einem seiner Bücher hat Emmanuel Carrère mal die Geschichte eines Mannes erzählt, der sich seinen Schnurrbart, den er schon immer hatte, abrasiert, und niemand merkt es, nicht einmal seine Frau. Vielleicht fällt es auch bei mir niemandem auf? Kurz überlege ich, mir die Härchen im Waschbecken wieder aufs Gesicht zu kleben, wie damals als Drag King.

»Wie findest du's?«, frage ich zögerlich Karim, der gerade ein Selfie mit Kiwi macht.

»Du siehst nackt aus.«

In meinem Kopf wird es übersetzt mit »weiblich«, was aus Karims Mund für mich gleichbedeutend ist mit: »Ich kann mir dich überhaupt nicht als mein Boyfriend vorstellen.« Ist gleich: »Niemand wird dich jemals lieben.«

Im Internet lese ich, dass Männer ihre Bartlücken mit Kajal kaschieren oder mit Schütthaar aus Keratin-Fasern, das sie sich in den Bart einarbeiten, oder sie lassen eine Barthaartransplantation durchführen. Timo empfiehlt mir »Alopexy«, eine Lösung zur Anwendung auf der Haut, die den Bartwuchs beschleunigen soll. Am nächsten Morgen renne ich in die Apotheke und kaufe mir eine Flasche.

Karim hat Geld aus Ägypten geschickt bekommen, darf es aber mit seinem Asylbewerber-Ausweis nicht abholen. Er hat den Absender gebeten, es auf meinen Namen zu schicken. Wir machen uns gemeinsam auf den Weg zu Western Union.

»Und das sollen Sie sein?«, fragt der Mann hinter dem Schalter, als er meinen Pass aufklappt. Mein Herz hüpft. Ich sehe nicht mehr aus wie auf dem alten Passbild – auch ohne Bart!

»Oh, sorry«, sagt er, als er meinen Ergänzungsausweis durchliest. »Darf ich Sie etwas fragen?«

»Wenn ich nicht antworten muss.«

»Sie sind operiert?«

»Und was ist Ihre Schwanzlänge?«

Als wir wieder draußen sind, fragt mich Karim, was ich zu dem Mann über »Schwanz« gesagt hätte. Er grinst, das Wort kennt er. Als ich ihm den Austausch wiedergebe, verfinstert sich sein Gesicht.

»Es tut mir leid ... Ich hatte nicht daran gedacht ...«

»Es ist nicht deine Schuld.« Ich lächle. »Hast du sein Gesicht gesehen, als ich ihn nach seiner Schwanzlänge gefragt habe?«

Irgendwie bin ich stolz auf mich. Ich finde, ich habe ein Schulterklopfen verdient. Ich erwarte Karims Lob, aber er wendet seinen Blick von mir ab und schaut einem Mann hinterher. Seine Liaison mit diesem José ist vorbei. Unentschlossen, ob es Wut oder Lust empfinden soll, setzt sich mein Herz aufs hohe Ross und tut so, als wäre ihm alles egal. Der Typ dreht sich um und schaut Karim in die Augen. Ich habe Mühe zu atmen. Mein Herz trägt eine Goldkette, einen Anzug von Giorgio Armani und Krokodillederschuhe, alles Fälschungen – und fürs Reiten etwas ungeeignet. Was will Karim von diesem Typen? Mein Herz treibt sich selbst zum Galopp an, die Hufe wirbeln Staub auf, jegliche Liebe wird vom Staub erstickt, die Lust wird mit der Goldkette gewürgt. Karim hat sein Handy gezückt und scrollt durch eine Dating-Plattform, die Menschen in deiner Nähe anzeigt. Gefunden?, schimpfe ich innerlich. Soll er dich so richtig durchvögeln, bis du jammerst? Ich könnte heulen. Ich bin unvollkommen. Karim würde mich früher oder später für einen »echten Kerl« verlassen. Mein Herz geht vom Galopp in Trab über und dann in Schritt. Es steigt ab und verlässt mich wie einen abgetretenen Pfad. Neben mir klopft sich mein Herz den Staub ab. Während Karim checkt, ob der Typ ein Profil hat, klingelt mein Telefon.

»Leuten wie mir hätten sie früher in den Kopf geschossen.« Lissys Stimme wirkt klein.

»Wo bist du?«

»Bei mir. Es waren Bauarbeiter. Vier, fünf Typen. Auf offener Straße. Direkt bei mir um die Ecke. Ihnen war gar nicht bewusst, dass sie gerade eine Straftat begingen. Weiße deutsche Männer. Ich lief an der Baustelle vorbei und sie so: ›Hey Transe!‹ Sie waren ziemlich aggressiv. Und dann irgendwann: ›Verpiss dich, du Schwuchtel. Geh arbeiten, dann wirst du vielleicht ein richtiger Mann.‹ Und so weiter, alles alles alles. Und dann hab ich einen Streifenwagen gesehen. Und da waren zwei Polizisten. Die waren irgendwie auf dem Parkplatz oder so beschäftigt. Und ich wollte nicht … Ach, ich weiß auch nicht, zur Polizei gehen ist immer so petzen. Ich dachte halt, sie sehen mich vielleicht. Aber der Streifenwagen ist irgendwann weggefahren. Und dann sagt der eine Typ noch: ›Geh zu dem Kanaken-Bullen, der ist genauso schwul wie du!‹ Bringt ja eh nichts, das mit der Anzeige. Außerdem kriegen die Jungs dann meine Adresse. Es war direkt neben meiner Wohnung. Wenn ich sie anzeige, krieg ich noch ein halbes Jahr später aufs Maul. Die waren richtig … hart im Herzen. Die haben gar nicht … Weißt du, wenn man von fünfzehnjährigen Mädchen angepöbelt wird, aber am Ende merken sie doch, dass es scheiße war … Aber die hätten es nie gemerkt.«

»Ich komme.«

Karims Augen schauen traurig. Ich habe den Eindruck, dass er etwas vermisst oder bereut oder sich nach etwas sehnt, aber wahrscheinlich ist das nur meine Wunschvorstellung.

DESINTEGRIER DICH!

Karim musste ausziehen. Sein Zimmernachbar hat dem Heimleiter mitgeteilt, dass er woanders wohnt. Um Probleme zu vermeiden, hat er beschlossen, eine Weile in der Unterkunft zu bleiben. Kiwi wirkt auch depressiv. Sie liegt nur noch auf dem Bett rum und frisst nicht mehr. Auch wegen Kiwi habe ich mich in Karim verliebt, ohne die Katze wäre das alles nicht passiert, ich hätte das Kraulen nicht bemerkt, und mein Nacken hätte sich nicht nach Karims Hand gesehnt. Ich drücke die getigerte Stoffkatze.

Seit Tagen will ich ins Gym. Im Supermarkt könnte ich an der Kasse auf dem Laufband joggen. Aber Kris hat nie Zeit. Ich habe den Eindruck, dass sie immer noch sauer auf mich ist. Ich finde das ungerecht. Eigentlich glaube ich nicht, dass Kris ein grundsätzliches Problem mit mir und meiner Transition hat, aber für einige lesbische Frauen sind trans* Männer »verlorene Schwestern«, sie bedauern das »Verschwinden der Butches« (als wären alle trans* Männer früher Butches gewesen). Sie fühlen sich verraten. Sie denken, dass wir lieber als Mann leben, weil wir ohne Risiko mit der Freundin Hand in Hand auf der Straße laufen wollen (als wären alle trans* Männer hetero), weil wir mehr Geld verdienen wollen (als würden wir prinzipiell nicht gegen Sexismus kämpfen und als hätten alle trans* Männer einen Job).

In der Hasenheide werde ich von einem weißen Typen mit

roten Augen und ungepflegten Wursthaaren gefragt, ob ich Haschisch verkaufe. Ich bin verdutzt. Nein, denke ich, aber ich kenne einen guten Friseursalon. Auf der Straße fragt mich eine junge Frau nach Feuer. Ich hole ein Feuerzeug aus meiner Tasche und halte es ihr hin. Doch sie hat ihre Zigarette schon in den Mund gesteckt, ihr Kopf ist leicht zur Seite geneigt. Viel zu spät wird mir klar, dass sie erwartet, dass ich ihr die Zigarette anzünde.

Abends in der U-Bahn, der Wagen ist fast leer. Drei Männer stehen und eine Frau sitzt, alleine. Reflexartig setze ich mich in ihre Nähe, für alle Fälle, damit wir uns notfalls verbünden können. Ich merke, dass sie den Blick abwendet. Sich bemüht, mich nicht anzuschauen. Sie klammert sich an ihre Handtasche. Gern würde ich ihr sagen: »Ich sehe dich, ich verstehe dich, ich begreife dich, ich werde dir nichts antun.« Aber wie kann ich von ihr erwarten, dass sie mich als Verbündeten wahrnimmt? Heute klappern die Schritte von Frauen schneller, wenn ich nachts hinter ihnen laufe. Also gehe ich extra langsamer oder wechsle die Straßenseite.

Die nächsten Wochen fliegen an mir vorüber. Ich arbeite an einem Buch, das mein deutschsprachiges Debüt werden soll. An einem Abend wird im Ballhaus Naunynstraße bei einer Veranstaltung des Kultur- und Gesellschaftsmagazins »freitext« ein Poetry-Video von einem meiner Texte gezeigt. Hinterher spricht mich die Aktivistin und Autorin Noah Sow an: Sie freut sich, wenn People of Color empowernd agieren. Ich bewundere Noah, ihr Buch *Deutschland Schwarz Weiß* ist eins der wichtigsten Werke über Rassismus in Deutschland. Aber diesmal bin ich schneller als bei Alex und sage ihr, dass ich weiß bin. Kurz darauf werde ich von der Heinrich-Böll-Stiftung gefragt, ob ich etwas zu einem Dossier mit Fokus auf People of Color beitragen möchte. Ich antworte, dass mich die

Anfrage freut, ich aber weiß bin. Am selben Tag werde ich auf der Straße von einem Mann angebrüllt, ich solle mich zurück in mein Land verpissen, sonst würde ich eine auf die Fresse kriegen. Ich glaube nicht, dass er Frankreich meint. Ein Augenzeuge fragt mich: »Was hast du ihm angetan?« Eine Frau will mich beruhigen: »Lass es, Junge, das ist ein Nazi.« Ich gehe in eine schwule Bar. Ich war vorher einkaufen und trage eine Lidl-Tüte, aus der eine Stange Lauch herausguckt. »Darf ich mal in die Tasche gucken?«, fragt der Barmann. Denkt er, ich will eine Bombe ins Klo legen? Oder hat er etwas gegen Lauch, weil der Blähungen verursacht? »Will nur sicher sein, dass du keinen Döner drin hast.« Mir kocht das Blut in den Adern, und ich bin so sprachlos, dass ich ihn den Inhalt kontrollieren lasse – um meine Unschuld zu beweisen oder seinen Irrtum. Aber ich verlasse den Laden sofort wieder.

Ich bin frustriert und frage mich, ob es richtig war, dass ich den Auftrag von der Heinrich-Böll-Stiftung gerade abgesagt habe, aus dem Grund, weil ich weiß bin. Sind es nicht unter anderem ebendiese Diskriminierungserfahrungen, die People of Color vereinen? Ich rufe Kris an. Wir haben lange nicht mehr gesprochen, und ich erzähle ihr die Geschichte in der Teestube und dass ich auf der Straße bedroht worden bin. Sie versteht nicht, worauf ich hinauswill.

»Das ist Rassismus!«, sage ich.

»Nein. Das ist Paranoia.«

»Siehst du mich als weiße Person?«

»Ich sehe dich als Franzosen.«

»Heißt das weiß?«

»Weiß ich nicht.«

Kiwi schlägt mit ihrer Pfote gegen mein Telefon. Sie will Aufmerksamkeit. Aber jetzt spreche ich mit Kris.

Ich kann mich noch deutlich an meine erste Erfahrung mit

Rassismus erinnern: Ich war in der 5. Klasse. Ich musste zusehen, wie unser Lehrer, Monsieur Richard, Abdelkader Benaissa behandelte. Jeden Tag mussten wir unser *Bescherelle* mitbringen, ein rotes Büchlein mit allen Konjugationsformen. Jeden Tag hatte Abdelkader sein *Bescherelle* nicht dabei. Und jeden Tag fragte Monsieur Richard: »*Abdel, il où est ton Bescherelle?*« Abdel antwortete: »*Z'ai oublié mon Besserelle*«. Er lispelte und Monsieur Richard äffte ihn nach: »Iss hab mein Besserelle vergessen! Iss hab mein Besserelle vergessen!« Und die ganze Klasse lachte. Abdelkader schaute zu Boden, und ich hatte den Eindruck, dass er sein Leben mit allen anderen tauschen wollte. Ich glaube, dass seine Eltern das Geld für ein *Bescherelle* nicht hatten. Monsieur Richard hatte Glupschaugen und brachte uns bei, wie man seine Machtposition missbrauchen kann.

Seit ich denken kann, habe ich mich immer intuitiv auf die Seite der Außenseiter!nnen gestellt. Wohl oder übel war ich Monsieur Richards Lieblingsschülerin – er nannte mich *bibiche*, Maus, er hatte mich zur Verantwortlichen für die Bibliothek ernannt, weil ich die Jüngste und trotzdem die Klassenbeste war –, und ich nutzte meinen Status, um Abdelkader zu verteidigen. Monsieur Richard deklarierte mich amüsiert als des Teufels Advokaten, und alle lachten. Wir mussten damit klarkommen, dass das Leben ungerecht ist. Unser Gefühl von Sicherheit und Zugehörigkeit wurde künstlich aufgebauscht. Damals kannte ich den Begriff »Rassismus« nicht, aber ich spürte, dass etwas nicht in Ordnung war. Es war ein schmerzhaftes Gefühl von Ungerechtigkeit. Dabei fühlte ich mich nicht überlegen oder stark, sondern schwach und ratlos.

Ich merke, dass Kris überfordert ist. Und ich auch.

Vermutlich wurde ich in Deutschland, anders als ich bisher annahm, nie wirklich als weiß gelesen. Auch nicht, als ich als Frau lebte. Damals wurde ich als Französin hoch gehandelt,

Männer haben sich nach mir umgedreht, wenn ich einen Raum betrat, und ich dachte, es würde einfach nur daran liegen, dass ich sexy bin. Aber dieses Top-Model war nicht ich. Die Sexbombe war meine Haut. Meine Augen waren geile Schlampen. Und meine Haare, mein Akzent … Früher war ich sexy und exotisch, heute bin ich exotisch und gefährlich.

Ich rufe Timo an. Ich habe den Eindruck, dass nur er mich verstehen kann.

»Willkommen in meiner Welt, Bruder! Seit ich als Mann passe, werde ich zwei bis drei Mal die Woche von den Bullen kontrolliert.«

ERSTER VERSUCH

Das Handy summt. SMS von Karim. Er fragt, ob ich ihn in der Unterkunft besuchen möchte. Ich kriege feuchte Hände und ein flaues Gefühl im Magen. Soll ich ihm sagen, was ich für ihn empfinde? Ein echter Mann würde ihn vermutlich einfach nur küssen. Kopf oder Zahl? Im Münzenfach meiner Brieftasche finde ich nur eine Ein-Cent-Münze. Ist das ein schlechtes Zeichen? Ist Liebe nur einen Cent wert? Aber die klitzekleine Münze ist so süß, nagelneu, sie glänzt, vielleicht fällt sie doch unter den Begriff »etwas ganz Besonderes«. Münzwurf.

Der Cent macht Drehungen und landet auf meiner Handfläche.

Kopf.

Ich sitze auf der Couch. Der Cent liegt vor mir auf dem Tisch. Ich bin verzweifelt. Ich hebe die Münze wieder auf und begutachte sie. Zahl und Kopf – kann man die Seiten heutzutage überhaupt eindeutig voneinander unterscheiden? Früher war das glasklar, Kopf: die Seite mit dem Gesicht, Zahl: die andere. Ich drehe die Münze hin und her. Kein Gesicht, nur Eichenlaub auf der Vorderseite, auf der Rückseite ein Globus, der Europa zeigt. Soll ich wirklich Karim vergessen? Nicht küssen? Kiwi öffnet leicht die Augen. Man könnte denken, Katzen sind Spione.

Mülltonnen stehen ein wenig unordentlich nebeneinander, am Wegrand warten kleine Bäume darauf, dass sie endlich wachsen. Im Hauseingang der Unterkunft hängen Informationen in verschiedenen Sprachen, Notrufnummern, die Uhrzeit der Essensausgabe, Impfsprechstunde. Circa 400 Menschen leben hier, die meisten von ihnen sind aus Syrien und Tschetschenien. Im Flur neben Karims Zimmer stehen eine Menge Kinderschuhe. Das Zimmer ist karg eingerichtet. Zwei Betten, zwei Schränke, ein Tisch, zwei Stühle. Am Fenstergriff hängt eine Plastiktüte mit schmutziger Wäsche. Karim erzählt, dass es hier Assad-Anhänger gibt und Assad-Gegner, und manchmal prügeln sie sich. Auch homophobe Angriffe gibt es und sexuelle Übergriffe, aber es sei kompliziert, das so anzusprechen, dass es nicht gleich von Rechten instrumentalisiert wird, aber man müsse sich ja damit befassen, nicht nur die Deutschen, sondern auch die Geflüchteten selbst. »Es ist ein bisschen so, als müsste man seine Familie verteidigen, weil man weiß, dass, wenn die Familie schlecht dargestellt wird, man selbst auch in schlechtem Licht dasteht – obwohl man weiß, dass es in seiner Familie ein paar Arschlöcher gibt.« Sein Zimmernachbar kommt herein und schüttelt mir die Hand. Karim will Instantkaffee machen. Sie haben nur zwei Tassen. Der Zimmernachbar sagt, er möchte keinen Kaffee. Er sagt etwas auf Arabisch. Woher wir uns kennen und was ich im Leben mache, übersetzt Karim. Karim zögert. Ich habe das Gefühl, dass er nach einer Erklärung sucht, die mein junges, zartes Aussehen erklärt.

»He's a poet«, sagt er schließlich.

Würde er vor seinen schwulen Freunden zu mir stehen? Wäre er stolz auf mich? Und hätte er Antworten, wenn Leute falsche Annahmen über mich und meinen Körper hätten? Wenn sie Witze über trans* Menschen reißen würden? Wenn sie seine Homosexualität infrage stellen würden, weil er mit einem Mann mit Pussy zusammen wäre? Wenn man so hart für seine sexuelle Orientierung gekämpft hat und die meisten Menschen einen endlich als schwul akzeptieren, will man nicht, dass das hinterfragt wird. Man muss sich seiner selbst schon ziemlich sicher sein, um sich nicht darum zu scheren, was andere denken. Außerdem *darf* Karims Homosexualität gar nicht infrage gestellt werden. Sie gilt als Asylgrund. In Frankreich wurde einem Mann aus Afghanistan Asyl verwehrt, weil er bi war. In Österreich wurde ein Asylantrag abgelehnt, weil der Mann keine schwulen Pornos auf seinem Handy hortete. Einem Iraker wurde vorgeworfen, zu männlich zu agieren. So stand es im Ablehnungsbescheid. Ein 18-jähriger Afghane wurde aus dem genau entgegengesetzten Grund nicht als schwul anerkannt: Weil er zu »mädchenhaft« sei und »gespielt, aufgesetzt und nicht authentisch« wirke. Der Antrag eines Iraners wurde abgelehnt, weil er die Farben der Regenbogenfahne nicht richtig zuordnen konnte.

Wir gehen in die Gemeinschaftsküche. Eine Familie ist gerade dabei zu kochen. Das älteste Mädchen, circa zehn, hat eine dicke Brille und Zöpfe und hilft ihrer Mutter am Herd. Der Junge lässt die Hand seines Vaters nicht los. Das jüngste Mädchen versteckt sich hinter seinem Bein und schaut mich neugierig an. Ich lächle sie an. Am liebsten würde ich mit ihr spielen, wie früher, mein Gesicht mit den Händen bedecken und Verstecken spielen. Plötzlich fällt mir ein, dass ich das vielleicht lieber nicht tun sollte. Ein junger Mann, der mit unbekannten Kindern spielt, wird ganz genau beobachtet. Ich kann nicht mehr ohne weiteres ein Kind auf meinen Schoß nehmen, ihm einen Kuss geben oder über die Wange streicheln. Frauen haben einen größeren Handlungsspielraum in Bezug auf die Körper anderer Frauen und Kinder, eine Freiheit, die Männer und diverse Menschen nicht besitzen. Ob

Frauen sich ihres Privilegs bewusst sind? Das ist die Kehrseite der Medaille: Frauen wird sexuelles Begehren so sehr abgesprochen, dass potentielle Grenzüberschreitung ihrerseits häufig nicht einmal in Erwägung gezogen wird. Mir ist zum Heulen zu Mute.

»Wenigstens sind sie sicher«, flüstert mir Karim zu.

Als er mich zur U-Bahn begleitet, möchte ich, dass der Weg nie endet. Die nächste Haltestelle ist weit, aber nicht weit genug. Karim redet und redet. Ich bin ein wenig überrascht von seinem Wortschwall. Ich weiß nicht, was ich sagen soll. Er wirkt, als wäre er dabei zu ertrinken und jedes Wort sei eine Boje. »Wie geht's Kiwi?« Ich will nur, dass wir die Klappe halten und uns umarmen. Er läuft sehr nah neben mir. In meinem Kopf stürzen wir uns aufeinander, reißen uns die Klamotten vom Leib. Ich schaue links, rechts, ob ich einen abgelegenen Ort entdecke, wo wir uns in die Arme fallen könnten, aber es gibt keine ruhige Ecke, wir laufen an Cafés und Restaurants vorbei, und auf der anderen Seite fahren Autos. Je näher wir zur U-Bahn-Station kommen, desto enger wird mein Herz. Ich würde gerne rückwärts laufen, ich will mich vor ihn knien, ich höre ihm höflich zu und hoffe, dass er meine Gedanken nicht lesen kann, ich stelle mir vor, er sei nackt, und er berührt meine Schulter: »Ich erzähle dir was Lustiges.« Ich kann ihm nicht folgen, er erzählt irgendetwas von einem Fahrrad, ich weiß nur, dass er so unschuldig klingt, so süß und unschuldig. Ich denke an Sex, während er wie ein Vögelchen zwitschert. Ich möchte ihm Schokolade und Tulpen schenken, ich möchte seinen Nacken streicheln und ich möchte, dass er glücklich ist.

Auf dem Bahnsteig sage ich: »Dein Name steht immer noch am Briefkasten.« Karim wendet den Blick ab und schaut in Richtung U-Bahn-Schacht. Ich sehe kein Licht am Ende des

Tunnels. Bevor ich in die Bahn steige, umarmen wir uns zögerlich. Ob wir uns wiedersehen? »*Keep me in your thoughts*«, sagt er, als die Türen schließen.

Ich bin ganz schön durch den Wind, als ich am Hermannplatz ankomme. Ich gehe in den nächsten Späti, um Drehtabak und Blättchen zu kaufen. Das Glockenspiel bimmelt, als ich die Tür öffne.

»*Ne istiyorsun, oğlan!*«

Ich muss die Verkäuferin leider enttäuschen, auf Türkisch kann ich nur *teşekkür* und *iyi günler*. Das hat mir mal ein Mann mit Schnurrbart und müden Augen beigebracht, als ich in seiner Änderungsschneiderei ein Kleid vorbeibrachte, das ich gerne ein wenig taillierter haben wollte. Er meinte, ich solle das Kleid anprobieren, dann quetschte er sich in die kleine Umkleide und fragte, während er die Stecknadeln seitlich in den Stoff steckte, ob wir uns wiedersehen könnten. Er wolle Französisch lernen und würde mir Türkisch beibringen: »Ein Sprachtandem. *Teşekkür*, das bedeutet ›danke‹.«

»*Merci.*«

»Merci? *Merci*. ›Schönen Tag‹. *Iyi günler*. Was heißt *Iyi günler* auf Französisch?«

Ich sagte ihm, dass ich mir das mit dem Sprachtandem überlegen würde.

»Warum du sprichst kein Türkisch?«, fragt die Späti-Verkäuferin mit einem breiten Lächeln. Ich muss an meine Nonna denken: »*Perché non parli italiano?*«, beschwert sie sich immer mal wieder. Da ich auf die türkische Frage keine Antwort habe, mache ich eine Geste, die auf Italienisch in etwa »Hab ich nicht« bedeutet: Daumen und Zeigefinger forme ich zu einer Pistole, dann rotiert das Handgelenk, und dabei mache ich einen bedauernden, möglichst dramatischen Gesichtsausdruck.

In Deutschland habe ich mir langsam abgewöhnt, mit den Händen zu sprechen, das schien meine Gegenüber nervös zu machen. Aber hier leuchten ihre Augen:

»Das nächste Mal du kommst, du sprichst Türkisch!«

»Versprochen!«

Ich bin nicht zum ersten Mal hier. Am Ecktisch neben Gemüsekisten raucht ein alter Mann und hustet. Ob Karim wohl schon mal hier war? Ob die Verkäuferin ihn auch auf Türkisch angesprochen hat? Ich schaue ihr tief in die Augen und spüre, wie mein Herz schneller zu schlagen beginnt bei dem Gedanken, dass diese Augen vielleicht schon mal in Karims gesehen haben. Ich stütze mich mit beiden Händen auf die Eiskühltruhe. Hier wird sogar im Winter Eis verkauft. In der Kühltruhe liegt im leichten Dunst das Stieleis-Sortiment, Cornetto, Magnum, Capri, schön nebeneinander aufgereiht, und plötzlich sehe ich die syrischen Kinder, die gerade bei einem Chlorgas-Angriff erstickt sind, in Plastikfolien der UNHCR gehüllt, genauso nebeneinander aufgereiht. Ich wähle die billigste Flasche Vodka und Pueblo-Tabak und greife nach meiner Brieftasche.

»Hast du deinen Ausweis?«

»Zu Hause vergessen.«

Sie überlegt kurz, ob sie mir den Wodka geben soll oder nicht. Dann zwinkert sie und steckt die Flasche in eine orange Plastiktüte.

»*Teşekkür! Ii günlär*«, sage ich und versuche, ein letztes Mal Karim in ihrem Blick zu erkennen.

»*Iyi günler!*«

Im Bad schmelze ich dahin, als ich die Clownfische und Seepferdchen erblicke. Tropfen prasseln aus dem Duschkopf auf mich herab. Früher habe ich immer gehofft, ich könnte meine Kopfschmerzen bekämpfen, indem ich meine Stirn mit Wasser bombardiere. Ich greife nach dem Duschgel im Eckgitter aus Metall und versuche, den letzten Rest aus dem Fläschchen herauszuschütteln, dann halte ich es unter den Duschkopf, um ein Rinnsal aufzufangen, und spritze das Gemisch auf meinen Oberkörper. Ich drehe das Wasser ab. Das Handtuch empfängt mich weich. Meine Brust hebt und senkt sich. Ich kippe das Fenster. Der heiße Dampf schlängelt sich durch die Öffnung. Ich trete auf Kiwis Spielball, und mein Fuß tut weh, und plötzlich bin ich wütend auf die Katze, auf Karim, auf mich, auf meinen Vater, auf meine Mutter, auf den Heimleiter, auf Isis, weil das Leben so schön sein könnte und es überhaupt nicht ist.

Der erste Schluck ist hart. Der Wodka brennt im Rachen. Ich werde alltägliche Dinge tun. Ich werde einen Blumenstrauß kaufen. Mein Mund klebt wieder an der Flasche. Ich drehe mir eine Zigarette. Auf dem Balkon spüre ich, wie meine Haut spannt, Alopexy wirkt Wunder, mein Bartwuchs ist angeregt. Draußen Stille, Nebel. In dieser Nacht hängen keine Sterne. Ich erahne die blätterlosen Linden und die Knoten des Ahorns. Mit einem Schnippen schnipse ich die Asche aus dem vierten Stock. Ist mir egal, wenn jemand gerade auf dem Bürgersteig läuft. Ich drücke die Zigarette in einer Duftkerze aus und schließe das Fenster.

Ich ziehe eine Schublade auf und suche mir Boxershorts raus. Dann ein T-Shirt. Kiwi setzt sich neben mich, biegt ihren Schwanz nach vorn und setzt ihn wohlgeordnet auf ihren Vorderpfoten ab. Kiwi hat es gern ordentlich. Ich stöpsle die Boxen ein und spiele einen Song von Msoke. Die Dancehall-Musik schwillt an. Scheiß drauf, ich hebe Kiwi auf, und wir fangen an zu tanzen. Heute Abend gehe ich in den Darkroom bei mir um die Ecke. Ich will mich auf Karim vorbereiten.

Mist. Ich bin zu spät. Ich habe Timo gefragt, ob er mitkommen will, und lasse ihn ungern warten. Timo hat erzählt, dass er heute nicht mehr schnell läuft oder losrennt, zum Beispiel um einen Bus zu kriegen. Sonst reagieren die Leute verstört. Heute läuft er langsam, auch wenn er dann den Bus verpasst. Rassistische Vorurteile bestimmen sein Tempo. »Und es ist besser, wenn ich keine Kapuze aufhabe.«

Als ich den Laden betrete, entdecke ich Timo nicht gleich. Der Raum ist noch ziemlich leer. Eine Discokugel dreht sich und wirft Lichtpunkte auf die Wände. Vielleicht ist er schon unten im Keller? Ich will runter, aber der Barmann hält mich auf.

»Du musst etwas bestellen!«

»Ich will nur schauen, ob mein Kumpel da ist.«

»Du musst erst mal bestellen. Du kommst nicht runter, ohne zu bestellen!«

Ich mag seinen Ton nicht. Er blickt mich herausfordernd an. Sein weißes T-Shirt leuchtet im Schwarzlicht. Ich habe den Eindruck, dass es ihm nicht um meine Bestellung geht. Ich war schon früher mal hier unten im Darkroom, einmal im Monat gab es einen Lesbenabend, und da musste ich nicht zuerst bestellen. Oder ist es bei den Männern anders?

»Und was, wenn Leute kein Geld haben?«

»Dann raus.«

»Kein Geld, kein Sex?«

»Unten ist es noch leer. Du kannst draußen auf deinen Kumpel warten.«

»Bravo. Bester Mitarbeiter des Monats.«

»Woher kommst du?«

»Wieso?«

»Woher kommst du?«

»Frankreich.«

Ich hasse mich, weil ich auf seine Frage antworte, und hasse ihn, weil er über »Frankreich« entzückt ist, als würde er von einer heiklen Angelegenheit erlöst oder als hätte ich ihm ein Ticket für eine Gratis-Fahrt auf den Eiffelturm gegeben.

»Ach so, ich dachte, du wärst ein türkischer Bengel, der Brieftaschen klauen will.«

SUGAR-DADDY

In der Lounge ist es warm, Kerzen sorgen für Entspannung, und die Musik ist laut, R'n'B und Dance. Ich trage meinen Hardpacker in der Hose und muss mich hinsetzen, sonst sieht man die Beule. »Spiel mit dem Feuer« – so heißt die Performance. Jemand liegt nackt auf dem Bauch auf einer Matratze. Es riecht nach Benzin. In Lederhose und mit nacktem Oberkörper, stark, Haare aufgetürmt, nähert sich der zweite Performer. Er hält eine Fackel in der Hand, und das Publikum weicht leicht zurück. Niko hat uns mit den Vorsichtsmaßnahmen vertraut gemacht: Wer in der ersten Reihe sitzt, darf keine Klamotten aus Vinyl und keine Strumpfhosen tragen, nur Baumwolle, Leinen oder Leder, und vor allem keinen Haarlack, der ist sehr leicht entflammbar. Mit meinem Fußballtrikot habe ich schlechte Karten. Ich rutsche noch ein Stück weiter zurück.

Der Performer streicht sich mit der mit Benzin vollgesogenen Fackel über die Unterarme. Als Kind versuchte ich manchmal, meinen Zeigefinger so lange wie möglich in eine Kerzenflamme zu halten. Hinterher war meine Fingerkuppe glatt, fast ohne Rillen, und ich dachte, Diebe und Mörder sollten das auch tun, um Fingerabdrücke zu vermeiden. Später habe ich gehört, dass Asylbewerber!nnen sich die Fingerkuppen abschleifen, mit Schleifpapier oder an einer rauen Wand, es muss wahnsinnig schmerzhaft sein. Zum Schutz gegen die Dublin-Verordnung, die regelt, dass ein Mensch in dem Staat um Asyl bitten muss, in dem er den EU-Raum das erste Mal betritt und wo seine Fingerabdrücke gespeichert werden.

Der Performer legt eine weiße Zündschnur, die aussieht wie ein Schnürsenkel, schlangenförmig auf die Schulter des Mannes, der liegt. Nun nähert er sich langsam mit der Flamme. Zisch, innerhalb von Sekunden ist die Schnur weg. Härchen verkohlen, und es riecht leicht nach Verbranntem. Auf der Haut ist eine kleine Schlange eingebrannt. Jetzt legt er eine Art Baumwollbällchen auf den Po und bringt die Fackel in dessen Nähe. Das Bällchen verpufft. »Kollodion«, erklärt mir Niko später, »das Zeug, das in den ersten Fotoapparaten drinnen war und abbrannte, wenn man knipste.« Puff. Applaus.

Während ich mir am Tresen ein Berliner bestelle, bin ich unsicher, ob ich mich auf einen Barhocker setzen oder lieber hinstellen soll oder schon runter in den Darkroom will, und wie soll ich überhaupt flirten? Die Männer um mich herum trinken oder tippen auf ihr Smartphone, das Display flutet ihr Gesicht mit Licht. Männer unterschiedlichen Alters, aus unterschiedlichen Milieus, mit unterschiedlicher Herkunft und aus unterschiedlichen Stadtteilen, vereint durch sexuelle Begierde. Natürlich fallen diese Kategorien nicht dauerhaft weg, jeder kehrt hinterher zurück in die eigene Welt. Die Musik ist ohrenbetäubend, man ist nicht hier, um sich zu unterhalten. Einige schauen besonders grimmig drein, wahrscheinlich meinen sie, dass sie damit besonders sexy wirken. Als ich mit einem Typ einen Blick austausche, weiß ich nicht, ob ich höflich lächeln soll. Wird das als Interesse verstanden, auch wenn ich keins habe? Und wenn ja, was soll ich dann tun? Ich vermeide erst mal Blickkontakt. Mit einem Zug kippe ich die Hälfte meines Biers hinunter. Es ist schön kühl. Ich frage mich, wer hier welche Drogen genommen hat. Niko nimmt meist Liquid Ecstasy oder Methamphetamin – kurz »Gina und Tina«. Ich sehe, dass Special K – Ketamin – im Umlauf ist. Ohne Frage macht Stigmatisierung anfällig für Drogenkonsum. Zudem soll dadurch die Lust gesteigert werden. Ich spüre eine Hand auf meiner Schulter.

Timo trägt eine Lederhose und -weste und zieht an seiner E-Zigarette. Er blickt auf mein blau-weiß gestreiftes Trikot: »Hertha?«

»Argentinien.«

»*Nobody's perfect.*« Er zwinkert. »Warst du schon unten?«

Ich kratze mit dem Daumen an dem Etikett meiner Bierflasche herum. »Wie machst du das?«

»Was meinst du? Shot?«

Ich nicke. Timo bestellt, und der Barmann stellt zwei Schnapsgläser vor uns. An der Bar hängt ein Schild, auf dem *no photo* und *no perfume* steht. Niko meint immer, Parfum sei nicht männlich. Männer müssen nach Moschus riechen.

»Wie outest du dich?«

»Ich sag einfach: ›Meine Schwanzgröße kannst du auswählen. Und ich hab einen Dauerständer.‹«

»Prost!«

Der Wodka verbreitet ein warmes Gefühl in mir. Aber ist es gut, Bier und Schnaps zu mischen? Völlig besoffen will ich ja da unten auch nicht sein. Ein bisschen was mitkriegen sollte ich noch. Timo brüllt mir weiter ins Ohr. »Mit einem guten Passing ist das den meisten egal. Glaub mir. Die werden dich nicht als trans* registrieren. Sie werden denken, du hast einen Dildo, weil du sie mit deinem Schwanz nicht durchficken kannst. Oder du gibst einfach einen Blowjob, dann kriegen die erst recht nichts mit. Und blasen gibt's nur mit Gummi, verstanden?« Timo zieht an seiner E-Zigarette. »Okay, blasen mach ich manchmal auch ohne, ich muss schon genug Aufklärung betreiben. Noch ein Shot?«

Ich nicke. Der Zwang zum Passing macht mich traurig. Passing ist nur innerhalb einer binären Vorstellung von Geschlecht möglich. Außerdem schließt das viele Menschen aus dem Darkroom aus. *Fuck the pain away* von Peaches läuft, und ich finde, der Song passt.

»Dann los!«

Timo ext sein Gläschen und verzieht das Gesicht. Er wischt sich mit dem Handrücken über den Mund.

»Noch etwas: Die werden dir in die Hose reingreifen. Die sind hier ziemlich direkt. Sie fassen dir einfach an den Schwanz, das heißt ›Hast du Bock?‹. Wenn du nicht willst, hau einfach die Hand weg. Das heißt ›Nein‹. Die nehmen das nicht persönlich. Sie ziehen einfach weiter. Verstanden?«

Ich denke an die Lesbenpartys zurück, auf denen sich keine traute, die andere anzusprechen. Gäbe es doch einen Schalter, den ich einfach umlegen könnte, um meine Sozialisation abzulegen. Vielleicht finde ich diesen Schalter noch irgendwo in meinem Kopf … Oder vielleicht ist meine Sozialisation auch einfach okay.

Im Kellergeschoss sehe ich erst mal nicht genau, was dort vor sich geht. Meine Augen müssen sich erst an die Dunkelheit gewöhnen. Timo ist mit irgendeinem Typen verschwunden. Ich taste mich am rauen Stein entlang, die Wände sind nass von Schweiß und Hitze, der Geruch von Feuchtigkeit hängt in der Luft, der Raum kommt mir vor wie ein verwinkeltes Labyrinth, ich sehe eine Nische, in der ein Mini-Fernsehgerät einen Pornofilm zeigt, die Glory Holes sind leer, der Ledersling hängt still an Ketten, ein paar Gestalten streifen suchend umher, es wird Bier getrunken und in den Schritt geschaut. Irgendwie finde ich es hier ein bisschen langweilig. Vielleicht ist es noch zu früh? Stöhnen, schwarz-weiß und flimmernd findet auf dem Bildschirm ein Gruppenerlebnis statt. Im realen Leben vergnügen sich zwei miteinander in einer stillen Ecke. Ich versuche, auf die Körpersignale zu achten, ob sie einladend oder ablehnend sind, und weiß immer noch nicht so richtig, wie ich eindeutige Signale aussenden kann. Beziehungsweise, ob ich es überhaupt will. Zigarettenglut, ein Gesicht wird kurz erleuchtet, ich erahne einen Dreitagebart und kantige Kiefer. Es wundert mich, dass man hier rauchen darf. Ein Typ streift an mir vorbei. Er tätschelt meinen Arsch, und ich haue seine Hand weg. Er reibt sich am Nächsten, der ein paar Meter weiter steht, Jeans werden heruntergezogen. Wir sind hier alle austauschbar. Plötzlich spüre ich Verzweiflung und Einsamkeit. Ich glaube, Baldwin hatte Recht, und im Endeffekt ist es nichts weiter als eine höhere, vielleicht anspruchsvollere Art der Masturbation. Schwules Cruisen ist Poesie, schreibt Garth Greenwell in einem Artikel. Cruisen erschließt intime Sphären im öffentlichen Raum, genau wie Lyrik im allgemeinen Diskurs – mit geheimen Codes, die nur für Eingeweihte lesbar sind. Greenwell versucht, diese Sphären zu romantisieren. Und vielleicht hat er Recht damit, vielleicht verdienen sie ein bisschen Romantik nach Jahrzehnten der Verunglimpfung. Ich hatte zumindest irgendwie mehr erwartet. Männer, die reihenweise in die Knie gehen, Männer, die hart ficken und durchgenommen werden. Ich wollte lernen, wie man einen Schwanz richtig streichelt, wie man einen bläst, wie man einen männlichen Hintern zum Funkeln bringt.

We are blessed. Ich weiß nicht, warum dieser Satz mir durch den Kopf schießt. Wir sind gesegnet. Ausgerechnet hier, im Darkroom. Karim und ich, obwohl das Gesetz uns das Leben erschwert und die Religion uns das Glück verweigert. War diese Rose wirklich so widernatürlich, diese bescheidene und verspielte und so hübsche Rose, die ich mich in der Teestube nicht getraut habe ihm zu schenken?

Ein Typ, der noch recht jung aussieht, kann nicht mehr gerade stehen und torkelt herum. Ein älterer Herr fasst ihm an den Hintern. In manchen Sexclubs sollen Alkohol und junge Boys als Marketinginstrumente genutzt werden, um Kundschaft zu locken – wie das auch bei Ladies Nights getan wird. Betrunkene Boys verlieren Vorbehalte und Hemmungen. Was es wohl in Karim auslöst, dass ich so knabenhaft aussehe? Hat er Angst, als mein Sugar-Daddy gelesen zu werden? Eigentlich haben wir das gleiche Alter. Weiße Sugar-Daddys mit arabischen Boys, irgendwie trifft man eher auf diese Kombination. Die Herstellung des Sexualsubjekts aus der Kolonialzeit ist noch nicht ganz abgeschafft, schrieb Achille Mbembe, dies ist daran spürbar, wie sexuelle und ethnische Machtverhältnisse miteinander verflochten sind. Ich höre das Stöhnen vom Bildschirm, das lieblose Zerknittern von Kleidung. Wieder muss ich an Baldwin denken. Die Zuneigung fehlt. Die Freude. Es ist, als ob man einen elektrischen Stecker in eine stromlose Steckdose presst. Berührung, aber kein Kontakt. Nur Berührung, kein Kontakt und kein Licht.

An mein erstes Mal kann ich mich nicht erinnern.

Ich kann mich nicht mehr erinnern, als ich das erste Mal Sex hatte.

Testosteron steigert die Libido, und ich dachte, mein Sexleben würde aufblühen. Aber die Dinge laufen anders.

Ich mag dich wirklich sehr, Karim …

Jetzt weiß ich es.

Ich verlasse den Darkroom und torkle nach Hause, ich und mein Körper, den ich früher nicht in der Lage war zu schützen.

Ich kann mich vielleicht nicht an mein erstes Mal erinnern, mit sechzehn oder siebzehn oder war ich neunzehn?

Aber Jayrôme hat noch sein erstes Mal vor sich.

Mein erstes Mal Sex wird mit Liebe sein.

GESCHENKT

»Mein Onkel ist gestorben.«

Stille. Karim atmet tief am anderen Ende der Leitung. Ich weiß nicht, was ich sagen soll. Sein Onkel lebte in Ägypten, aber auch so kann Karim nicht zur Beerdigung. Ich denke an Enzo.

»Soll ich für dich hin?«

Die Kabinen-Durchsage ist auf Arabisch, die Anschnallzeichen leuchten auf. Die Übersetzung folgt aus dem Cockpit: »Meine Damen und Herren, wir durchfliegen Turbulenzen, bitte bleiben Sie ruhig.« Es wackelt und ruckelt. Plötzlich verliert die Maschine an Höhe, und ich würde gern den Arm meines Sitznachbarn packen. Früher hätte ich das vielleicht getan, heute muss ich mich beherrschen, Männer haben ja keine Angst. Ein Blick aus dem Fenster verrät: Die Flügel biegen sich. Das Flugzeug sackt noch mehr ab, ein Teller zerbricht, ein Trolley fällt um. Für den Fall, dass wir abstürzen, versuche ich mich zu entspannen, tief einatmen, dann zweimal so lange ausatmen, ich möchte nicht im Stress sterben. Das Flugzeug ruckelt weiter, es kommt mir klein und zerbrechlich vor, ein Spielzeug aus Plastik, in dem wir durch die Wolken weggeschleudert werden, eine Freiluft-Bruchbude. Mein Sitznachbar und ich tauschen einen verständnisvollen Blick aus. Irgendjemand macht das Licht aus. Ein Kind weint, seine Mutter versucht es mit sanfter

Stimme zu beruhigen. Ein leichtes Raunen geht durch die Reihen. Ich beginne mich an das Ruckeln zu gewöhnen.

»Es wackelt, huh?«, frage ich meinen Nachbar. »Man kriegt ja schon eine leichte Gänsehaut.«

»Erstes Mal in Ägypten?«

»Und hoffentlich nicht zum letzten Mal!«

Ich schaue aus dem Fenster und sehe ein Stück Land. Im Falle einer Notlandung werden wir auf das Trockene prallen.

Zehn Minuten später landen wir sicher am Flughafen Kairo.

Die Uniform an der Sicherheitskontrolle räuspert sich und schaut auf meinen Pass. »*Is it your passport?*«

Ich lächle, so gut ich kann, und halte ihm meinen Ergänzungsausweis hin. Das übliche Prozedere. Die Uniform vergleicht mein Gesicht mit dem Passbild, grübelt, schaut auf meinen Ergänzungsausweis, grübelt und kommt zu dem Schluss, dass ich auf einem Sessel vor dem Büro der Einreisebehörde Platz nehmen muss.

Das Flughafengebäude ist sonnendurchflutet, und es riecht nach Jasmin. Mein Rollkoffer steht vor mir. Ich klappe den Griff hoch und halte ihn mit der Hand fest, als würde ich nur auf meinen Flug warten. Im Koffer liegt ein Geschenk von Karim für seine Mutter. Ein gerahmtes Bild von ihm und Kiwi, selbstgezeichnet. Damit seine Mutter sieht, dass es ihm gut geht und dass sie sich keine Sorgen machen muss. Kiwi streckt die Zungenspitze raus, ihre mini rosa Zunge, als würde sie Behörden, Zoll und jegliches Regime verspotten. Rein strafrechtlich gesehen kann das Zungeherausstrecken zu einer Geldstrafe von 300 Euro führen, es ist also besser, wenn Katzen das tun.

Die Einreisebehördendienststelle ist kleiner, als der Name es vermuten lässt. Hinter einer Plexiglaswand kann ich einen circa 12 m^2 kleinen Raum sehen, in dem vier Personen in

Dienstuniform rauchen. Einer nach dem anderen betrachten sie meinen Pass und mustern mich dann durch das Glas. Ich lächle ihnen zu. So gut es mir gelingt. Streiche mir durch den Bart. Lächle. Streichle mir den Bart. Lächle. Ich habe Zeit. Und keine andere Wahl. Dann kommt ein Gesicht voller Fragezeichen aus dem Büro und will wissen, warum mein Reisepass auf diesen Vornamen läuft und warum dieses Bild und dieser Geschlechtseintrag? Ich versuche, die Situation so verständlich wie möglich zu erläutern.

»But on your passport it's not you.«

Erneut erkläre ich die Situation, so verständlich wie möglich.

Ich werde in das verqualmte Büro gebracht.

Drinnen ist es verdammt heiß. Beim Anzünden der nächsten Kippe, puff, wird die Bude sicher explodieren. Der Chef ist am Telefonieren, Festnetz am rechten Ohr, Smartphone am linken. Auch ich besitze so ein Samsung, das gleiche wie der Chef, und dadurch fühle ich mich ihm irgendwie verbunden. Während die menschliche Verkörperung der Flughafen-Kontrolle sich ohne mich unterhält, sitze ich auf einem Plastikstuhl und warte. Zwischen ihnen und mir scheint es keinerlei Überschneidung zu geben.

Immer mehr Menschen in Dienstbekleidung werden herbeigerufen. Zum Schluss stehen elf von ihnen in dem kleinen Raum. Betritt eine neue Person das Büro, werden erst einmal kollegial Hände geschüttelt. Falls beide Hände besetzt sind, etwa durch eine Zigarette in der rechten und eine Tasse oder ein Handy in der linken Hand, wird das Handgelenk gereicht. Einer der Beamten ist in das Display seines Smartphones versunken und tippt und tippt, und ich frage mich, ob er chattet oder mich gerade googelt. Ein älterer Mann mit blauem Overall bringt auf einem klimpernden Tablett Gläser, gefüllt mit

Tee, Kaffee oder Rotwein. Schweißtropfen laufen mir das Kreuz herunter. Mein Binder kratzt wieder. Mir wird alles zu eng. Ich beobachte die elf, wie sie rauchen. Sich in einer Sprache unterhalten, die ich nicht verstehe. Aus Tassen und Gläsern trinken. Meinen Reisepass von einer Hand in die nächste reichen und herzlich lachen oder herzhaft oder auch nicht. Mit einem Schnippen des Zeigefingers aschen sie auf den Boden. Ich bin dabei, in ihrem Qualm zu ersticken. Ich versuche, freundlich zu lächeln. Ich will in dieses Land einreisen. Ich will Karims Mutter sehen. Ich will ihr das Geschenk überreichen.

Der Chef telefoniert weiter hin und her an beiden Ohren. Die anderen unterhalten sich und grinsen und scannen regelmäßig meinen Körper, von oben nach unten, auf der Suche nach irgendetwas. Plötzlich fragt einer im Namen des Teams: »*Can you still have sex?*«

Gelächter in der Runde.

»*Why?*«, antworte ich. »*Are you horny?*«

Meine Frechheit überrascht mich selbst. Einer hebt seine rechte Hand und wartet, bis ich verstehe, dass auch ich meine rechte Hand heben und mit ihm einschlagen soll. *High five with a cop.* Unerhört.

»*But you have breasts, right?*«, fragt er dann.

»*You don't?*«

Ich fühle mich wie ein Arschloch. Ich habe einen EU-Pass und bin ziemlich sicher – oder zumindest hoffe ich es –, dass diese Menschen mir nichts antun werden. Seit die Staatskrise vor vier Jahren ausgebrochen ist, befindet sich das Land in revolutionärem Zustand, der mit einer Tourismusflaute einhergeht. Ich bin eine wichtige Einnahmequelle. Diese Leute brauchen mich. Auch wenn die Regierung Werbespots ausstrahlt, in denen die Bevölkerung dazu aufgerufen wird, nicht mit Ausländern zu reden, insbesondere nicht über Politik, denn es könnten Gesandte eines Geheimdienstes sein oder Pressemenschen, die ein schlechtes Bild der Nation nach außen tragen.

Allmählich verstehe ich, dass das Anliegen dieser Bekleideten ist, herauszufinden, was ich zwischen den Beinen habe.

Der klimpernde Mann schleicht wieder vorbei, verteilt eine neue Runde der warmen und kalten Getränke und nutzt die Gelegenheit, leere Becher wegzuräumen. Träge trägt er das Tablett und den blauen Overall und das komplett ergraute Haar. In seinem Alter sollte er derjenige sein, der Platz nimmt und ein Getränk serviert bekommt.

Der Chef hat nun aufgehört, Telefonhörer an seine Ohren zu kleben, und beschließt, dass ich woandershin geführt werden soll.

»*Are you doing this for a medical reason?*«, fragt mich auf dem Weg der Mann, mit dem ich erst kürzlich *High five* gespielt habe. Er hat wie nebenbei gefragt, als würden wir zusammen einen Sonntagsspaziergang im Park machen.

»*No.*«

»*No medical reasons at all? Then why are you doing this?*« Er sieht irritiert aus. »*Just because you want?*«

»*Well … Yes.*«

»*But why don't you change your ID?*«

»*Good question.*«

Das Zimmer, in dem wir nun gelandet sind, überrascht mich. Die Wände sind schimmlig, der Boden ist klebrig, ein rostiger Metallschrank ohne Türen steht in einer Ecke, Elektrokabel hängen von den Wänden, und die Deckenverkleidung ist voller Löcher. In der Mitte des Raumes thront ein Tisch, auf dessen Oberfläche braune Schlieren eines Schwamms zu erkennen sind. Und auf diesem Tisch: eine schmutzige Matratze. Ich denke an Karim und vor allem an seine Mutter und an Aliaa, die ich im Café Kotti kennengelernt habe und die draußen in der Halle auf mich warten. Im Grunde nur ein paar Meter von hier entfernt.

Zwei kommen herein, ein Mann und eine Frau. Sie seien für die Untersuchung da. Die Person mit dem Schnurrbart fängt an, sich weiße Latex-Handschuhe überzuziehen. Ich frage, ob ich das Recht habe, dieses Prozedere zu verweigern.

»*No.*«

»*Can I make a phone call?*«

Mein Herz rast.

»*Who do you want to call?*«

»*My friends … they're waiting for me outside.*«

Meine Hoffnung ist, dass sie ihren Plan ändern, wenn sie erfahren, dass ich nicht allein hier bin und sogar erwartet werde, ja, dass Leute von meiner Existenz wissen. Mein *High-five*-Freund runzelt nun die Stirn.

»*Okay, but quick!*«

Mit zitternden Händen suche ich die gespeicherte Nummer in meinem Adressbuch. Am anderen Ende der Leitung scheint Aliaa besorgt.

»*Give me the doctor!*«

Sie hofft, dass sie die Lage besser erklären kann. Ich reiche das Telefon weiter und verstehe dann nichts mehr. Plötzlich setzt der Schnurrbart eine komische Miene auf. Er schüttelt das Handy. Die Verbindung wurde unterbrochen. Roaming, Auslandsverbindung, mein Guthaben ist alle.

»*Okay*«, fasst er zusammen, »*now we do the examination.*«

Der Raum ist schmutzig und verwaist. Hier herrscht Krieg. Ein Krieg plus ein Krieg plus ein Krieg. Ich will Karim sehen. Doktor, Sie verstehen mich doch, es ist komplex, aber nicht kompliziert, ich habe Ihnen doch erklärt …

»*What you say doesn't count. If you kill someone you will also say you're not guilty! Take your shirt off.*«

Als Bedingung stelle ich, dass ich nicht von dem Schnurrbart, sondern von der glatten Haut untersucht werde. Der Schnurrbart zieht die Latex-Handschuhe wieder aus und reicht sie an die andere Hand weiter, die sie glatt anzieht.

»*Now take your shirt off!*«

Wenn man immer Konfetti in der Hosentasche hat, kann man Alltagssituationen, langweiligen Gesprächen oder unqualifizierten Kommentaren mehr Ausdruck verleihen, habe ich mal auf Twitter gelesen.

Knopf eins.

Wo ist das Konfetti? Zugeschütteter Brustkorb, Lungen voller Papiertropfen.

Knopf zwei.

Aus meiner Kehle steigt ein Schrei auf, wird aber sogleich von Papierschnipseln aufgesogen.

Knopf drei.

Meine Finger haben den Eindruck, ihr erstes Werk zu vollbringen.

Knopf vier.

Mein Binder steht, straff und komprimierend. Ich reiße den Klettverschluss langsam auf.

»*Sorry!*«

Ein Mensch platzt herein. Ich versuche, meinen Oberkörper mit beiden Armen zu bedecken. Hinter der Tür steht ein halbes Dutzend Dienstbekleideter, die bereit sind, sich den Hals zu verrenken, um ein Auge in die Stube zu werfen. Der Hereingeplatzte wolle nur den Aktenordner, den er unter dem Arm trägt, in den Schrank stellen. Es erscheint mir unwahrscheinlich, dass irgendwelche Akten in diesem Schrottmöbel, das nicht einmal mehr Türen hat, tatsächlich aufbewahrt werden sollen. Nachdem der Hereingeplatzte sich von seinem Ordner verabschiedet hat, verlässt er den Raum.

Nun soll ich meine Brust zeigen. Aus dem Flur sind Getuschel und Gelächter nur noch gedämpft zu hören.

»*Okay*«, murmelt der Mund, »*there is hair on the chest … So it's manly …*«

Ich muss fast lachen. Das, was sonst immer als weiblich markiert wird, ist hier doch männlich, aufgrund von ein paar Haaren.

Ein Stift notiert etwas in ein Formular.

»*Now lay down on the mattress*«, befiehlt die Person in der Verlängerung des Stiftes. »*And take your pants down.*«

»*No!*«

»*Take down your pants!*«

Eines Tages werden wir genug Demütigung erlebt haben. Eines Tages werden wir alle drängenden Sorgen hinter uns gelassen haben. Eines Tages wird es Zeit sein für den namenlosen Körper, der atmet. Ich versuche mir Karim und Leute, die mich lieben, und alle, die ähnliche Kämpfe kämpfen, in Erinnerung zu rufen, alle, weltweit, sie sollen dabei sein und mich gedanklich unterstützen, damit ich das unversehrt überstehe. Denn das hier ist kein Einzelfall, wir sind Millionen und an allen Seiten, allerorts, ringsherum, hier und da, da und dort, kreuz und quer, weit und breit, wo auch immer, überall, und nicht wir sind pervers, sondern die Gesellschaft, in der wir leben.

Ich ziehe meine Jeans und meine Boxershorts herunter.

Als sie fertig sind, verlassen sie den Raum. Für ein paar Minuten stehe ich allein im verwüsteten Zimmer.

Dann kommen sie zurück. Die Uniform sagt, dass mir die Einreise verweigert wird. Ich habe keine Möglichkeit, Karims Mutter und Aliaa zu benachrichtigen, dass sie nicht auf mich warten sollen.

ES GEHT UM UNS ALLE

Raben krächzen am rosarot-orangen Himmel und ich stehe auf. Ich bin müde, aber ich muss mich bewegen. In der Gym-Umkleide werde ich auf Arabisch angesprochen. Er hat so lange Wimpern, dass ich mich frage, ob sie seine Brillengläser berühren. Nachdem ich auf Deutsch geantwortet habe, werde ich gefragt, woher ich komme. Ich duze zurück.

»Was glaubst du denn?«

»Keine Ahnung. Mexiko?«

»Nein.«

»Indien?«

»Näher.«

»Spanien?«

Ich muss lachen. Er macht einen speziellen Handschlag, ich kenne die Bewegungsabfolge nicht, wo soll ich wie mit welchen Fingern schnipsen? Das hat mich schon viele Male verwirrt und erstaunt. Ich bemerke sein fragendes Gesicht. Viele Jungs scheinen sich zu wundern, warum ich diese herkömmliche Geste nicht wie aus der Pistole geschossen beherrsche. Ich glaube nicht, dass alle Männer zur Begrüßung einschlagen oder den Faustgruß machen – trotz Barack Obama –, aber anscheinend sehe ich aus, als gehöre ich zu denen, die das tun.

Im Kinofoyer stehen Menschen Schlange. Mein Blick sucht den Raum nach Karim ab. Eine kleine Theke ist Kasse und Bar zugleich, Popcorn duftet, alte Filmplakate dienen als Tapete. Vor *oo Schneider* und *What happiness is* entdecke ich ihn. Karim ist immer pünktlich. Nun steht mir sein Blick gegenüber. Er hält etwas hinter seinem Rücken, das er versucht vor mir zu verstecken.

»Wie geht es dir?«

»Ist egal.«

Mein Herz setzt einen Schlag aus. Ich versuche, mich an etwas Sachliches zu klammern.

»Welchen Film willst du sehen?«

»Ist egal.«

Ich habe den Eindruck, eine langsame, schmerzhafte Ohrfeige zu bekommen. Er atmet tief ein. »Mein Asylantrag ist durch. Ich habe politisches Asyl.«

Die langsame Ohrfeige wird zur Streicheleinheit. Er reicht mir eine Rose, blütenweiß, das war es, was hinter seinem Rücken auf mich wartete. Ich nehme die Blume entgegen, und unsere Finger berühren sich flüchtig. Die Menschen, die Schlange stehen, werden gleich einen Film schauen, rascheln und knuspern. Ich greife nach Karims Hand. Seine Haut ist weich. Wir stürmen aus dem Kino. Der rote Teppich ist ausgerollt. Der Wind schiebt die Wolken vorbei und unser Tempo die Pflastersteine unter unseren Füßen. Wir rennen und rennen, an Eichen vorbei, die Blätter aushusten, wir rennen und rascheln durchs Laub.

Liebe ist eine Operation am offenen Herzen. Ein Gefühl, das Sinn macht und nicht an die Stelle anderer Gefühle tritt. Ein Gefühl, das genau da ist, wo es sein will und wo es zu sein hat, und noch etwas: ein Gefühl, das keinen Grund hat zur Trauer.

Ich spüre Karims Lippen. Unsere Zungen. Ja, wir haben das Recht dazu, wir sind berechtigt dazu, wir sind zu dieser Liebe berechtigt, und ich spüre, wie mein Herz unter diesem Gewicht fast bricht.

Karim klemmt mir einen Arm hinter den Rücken. Den zweiten auch. Ich kann mich nicht wehren. Wir kämpfen auf der Matratze. Hände, Mund, Finger, Kraft, Atem und Körpergewicht. In dieser Nacht sterben 492 Menschen, ihr überladenes Boot kentert auf dem Weg von Libyen nach Italien. Karim drückt mich. Er reibt seinen Bart an meiner Wange, holt mich ins Leben zurück. Wir stöhnen. Frauke Petry fordert, an der Grenze auf Menschen zu schießen, sogar auf Kinder. Zügellos knallt mein Herz mit der Reitpeitsche, mit jedem Knall bebt mein Herz stärker, es zittert und bebt und sticht sich in die eigenen Flanken. Der dreijährige Aylan Kurdi liegt tot in einem roten T-Shirt am Strand. Ich drücke Karim fester. Ich atme langsam, damit sein Atem sich meinem angleicht. Ich weiß nicht mehr, wo mein Körper aufhört und Karims anfängt. Mein Blick sehnt sich nach seinen Wimpern.

Als ich an der U-Bahn-Station Jannowitzbrücke die Treppe hinaufsteige, höre ich schon die Musik aus den Boxen. Es läuft Rap von FaulenzA. Das Novemberlicht ist blass, die Bäume sind nackt, die Farben der Transgender-Fahnen sehen dadurch noch phänomenaler aus, zwei hellblaue, zwei rosafarbene und in der Mitte ein weißer Streifen. Der *Transgender Day of Remembrance* gedenkt der Opfer transfeindlicher Gewalt, dieses Jahr hat er aber einen weiteren, bitteren Beigeschmack. Gerade sind neunzig Menschen in Paris bei einem Konzert im Bataclan erschossen worden, fast zur selben Zeit explodierten Bomben an verschiedenen Orten, unter anderem am Fußballstadion Stade de France beim Länderspiel Deutschland gegen Frankreich. Insgesamt 130 Menschen starben, mehr als 350 wurden verletzt. In Panik versuchte ich meine jüngere Schwester, die in Paris wohnt, zu kontaktieren. Ich erfuhr am eigenen Leib, was für Karim tägliche Realität ist.

Ich sehe Sven, der mich herüberwinkt. Neben ihm hält Lissy ein Schild, auf dem steht: »*If God hates us, why are we so cute?*« Aus einem Lautsprecherwagen ruft Alex ins Mikrofon: »Für alle Menschen, die damit groß geworden sind, als nicht liebenswert zu gelten, für alle Menschen, denen gesagt wurde, dass ihre Identität falsch sei, für alle, die als Gefahr empfunden werden, weil sie die Gender-Regeln brechen. Ihr seid nicht alleine!« Die Leute klatschen und pfeifen.

Ich schließe kurz die Augen. So viele Jahre hatte ich den Impuls, meine Kehle fest zu verriegeln, aber die Verzweiflung war immer da, im Inneren, in mir drinnen, genau wie so viel weitere Gefühle. Ich war alle Buchstaben der LSBT-Abkürzung, und einige Bezeichnungen darüber hinaus: heterosexuell, lesbisch, bisexuell, transgender mit einem Hang zum Schwulen. Und weiß. Auch wenn mein Migrationshintergrund in den Vordergrund gerückt ist, habe ich beschlossen, mich weiterhin als weiße Person zu positionieren. Nicht, weil es grundsätzlich besser wäre, weiß zu sein. Nicht wegen der Privilegien weißer Personen. Sondern weil ich mir nicht eine Position als Person of Color aneignen und Zugang zu geschützten Räumen verschaffen will, einfach nur, um nicht zu den »Tätern« zu gehören. Dass Weiße rassistisch handeln, ist nicht sehr verwunderlich. So selbstverständlich in weißer Vorherrschaft aufzuwachsen und unbeschadet davonzukommen, das ist doch unglaublich. Die entscheidende Frage ist, was wir dagegen tun und was uns mit anderen verbindet, die nicht »wir« sind. Identitätspolitik ist kein Instrument zur Ausgrenzung, sondern ein Mittel der Emanzipation für alle.

Wir ziehen nun von der Jannowitzbrücke über die Heinrich-Heine-Straße. Schilder aus Karton-Pappe werden über unseren Köpfen gehalten: *Mein Geschlecht, meine Entscheidung, Menschenrechte statt rechte Menschen, Verbot von Zwangs-OPs an inter* Kindern, Verschiedenheit und Plüsch und Freiheit.* Timo und eine Person mit vielen, bunten Zöpfen tragen einen großen Banner mit dem Schriftzug *Black Lives Matter.* Karim zeigt mir amüsiert ein Schild, auf dem steht: *Katzen statt Glatzen.*

Am Straßenrand sehe ich übertrieben ernst dreinblickende Bullen, handyfilmende Menschen, Blicke hinter Gardinen. Anfang der 90er Jahre sprach niemand über trans* Menschen, und niemand kannte uns. Wir waren nicht im Fernsehen oder in Büchern. Wir waren Freaks. Im Film waren wir die leidgeplagten, einsamen Freaks, die lustigen, überdrehten Freaks, die gefährlichen Serienkiller-Freaks, die ermordeten Freaks. In der Berichterstattung ging es um Sensationsgeilheit, Trans*-Geschichten wurden fast immer als Leidensweg geschildert. Und es ging allein um den sichtbaren Teil der Community – der überwiegend weiß, urban und bürgerlich war, und um medizinische Maßnahmen und cis-Akzeptanz. Kein Wort zur Zwangssterilisation, zum Trans*-Sein als Identitätsstörung in Krankheitskatalogen, zu den Diskriminierungen im Familien- und Eherecht, den Diskriminierungen im Bildungswesen, im Gesundheitswesen, im Sport, auf dem Arbeitsmarkt, auf dem Wohnungsmarkt, zu den Misshandlungen durch die Polizei, zu der Ablehnung und Unsichtbarmachung auch in schwul-lesbischen Zusammenhängen, den verbalen und physischen Angriffen im öffentlichen Raum, zur sexualisierten Gewalt, zu den Hassverbrechen.

Das, was wir brauchten, waren unsere Rechte.

Am Oranienplatz wird ein Podest mit Europaletten aufgestellt, Tontechnik und wetterfeste Lautsprecher. Kalter Wind bläst. Wir sind Tausende: trans* Menschen, Enbys, inter* Menschen, genderqueere, weder noch, genderbender, inbetween, postgender, diverse. Das Begriffspaar trans*/ cis soll keine neue Binarität schaffen. Wir sind eine Gruppe, die sich nicht mehr als eine Sammlung von Einzelpersonen, sondern als eine Bewegung betrachtet. Wir müssen uns nicht mehr über einen Mangel definieren. Wir sind nicht defizitär. Wir können das Schöne am Sich-selbst*-Sein zelebrieren. Die Freude, das Glück. Menschen, die die Öffentlichkeit lange kaum wahrnahm, drängen nun mit aller Macht auf Teilhabe. Nicht nur in Deutschland, sondern in allen Ländern der Welt. Trotzdem muss noch viel getan werden – gerade wäre eine Thermoskanne mit heißem Tee nicht schlecht.

Alex gibt mir ein Zeichen, dass ich gleich dran bin.

»Tief einatmen«, sagt Karim. Er drückt mich fest, zwanzig Sekunden lang, die Zeit, die es braucht, um Oxytocin zu produzieren, ein Hormon, das Glücksgefühle stärkt. Dann geht er. Ich sehe seinen Kopf mit der roten Mütze in der Ferne, er wacht von Weitem über mich. Ich steige auf das Podest und greife zum Mikrofon.

»Als Kind dachte ich, dass man für Wasserski abschüssige Seen braucht. Ich fragte mich, ob auch Hunde in Hundescheiße treten, zumal sie einer doppelt so hohen Gefahr wie wir ausgesetzt sind. Aber jetzt bin ich groß. Erwachsen. Und das heißt nicht nur, dass ich jeden Morgen selber aussuchen darf, was ich anziehe.«

Die Leute sind still, ich spüre ihre Aufmerksamkeit. Ich sehe Karims Kopf in der Menge. Er haucht in seine Hände hinein, um sie zu wärmen.

»Liebe transgender Kids, es gibt Dinge, die so sind, wie sie sind, und so, wie sie sind, einfach so, sein dürfen sollen. Ohne Erklärung. Wie in Mathe: Wieso ist 1+1 gleich 2?«

Einige schnipsen mit den Fingern, um ihre Zustimmung zu bekunden.

»Liebe trans* Jugendliche, ich weiß, wie es ist, sich einsam zu fühlen. Ich hatte so viel Angst, nie geliebt zu werden, dass ich mir Liebe lange nicht gönnte. Geschweige denn das Glück. Liebe trans* Leute, wir dürfen lieben und geliebt werden. Ich bin nicht ein Mann, gefangen im Körper einer Frau, ich bin nicht ein Mann im falschen Körper, ich bin ein Mann in diesem Körper!«

Zwischenapplaus und Rufe feuern mich an.

»Liebe Leute, lasst uns heute so tun, als würden Frauen nicht mehr so und Männer so sein müssen. Heute will ich glauben, dass ihr versteht, dass wir alle daran zu gewinnen haben. Heute ist kein Mensch mehr dazu gezwungen, einen Vertrag zu erfüllen, den ich mich nicht erinnern kann jemals unterschrieben zu haben. Heute sind wir imstande, das gemeinsam zu beweisen, ja 1+1+1+1+1+1+1 ist gleich wir alle, und uns allen gemeinsam müsste es gelingen, diese Welt zu einem Ort zu machen, der Vielfalt nicht toleriert, sondern feiert! Eine Welt, die diese Größe hat! Denn es geht um uns alle. Und um unser Leben«

Der Applaus erfüllt den Platz. Ich gebe Alex das Mikrofon zurück und bahne mir den Weg durch die Menge, auf der Bühne skandiert sier: »Wir wollen kein Stück vom Kuchen! Wir wollen ein anderes Rezept!« Applaus. Leute lächeln mich an, heben ihr Bier oder ihren Kaffeebecher zum Gruß, jemand gibt mir einen Flyer für eine Kundgebung in Solidarität mit den Opfern des Terroranschlags auf das Bataclan. Karim steht bei Timo und Lissy, Sven ist mit seiner neuen Freundin da. Ich verflechte meine Finger mit denen von Karim. Wir schauen geradeaus. Wir müssen nicht auf unsere Hände gucken, um zu wissen, dass sie sich halten. Wir brauchen uns nicht anzublicken, um zu spüren, dass wir da sind.

Erst 1990 entschied die Weltgesundheitsorganisation, homosexuelle Liebe nicht mehr als krank einzustufen. 2018 wurde Transsexualität von der Liste psychischer Krankheiten gestrichen. Früher oder später wird Deutschland Selbstbestimmung und körperliche Unversehrtheit für alle Menschen gewährleisten.

Ein paar Meter weiter steht Kris. Sie hält ein selbstgebasteltes Schild hoch mit dem Spruch: *Raus aus den Straßen, rein in die Toiletten!*

»Bin gleich wieder da«, sage ich zu Karim und löse meine Finger.

»*What's up?*«, sagt Kris.

»Kris, es tut mir leid …«

Ich verschränke die Arme. Mir ist kalt. Kris hält mir das Schild hin, zieht ihre Perfecto aus und legt sie über meine Schulter.

»Steht dir gut. James Dean.«

Der Abend ist angebrochen. Am Horizont vermischen sich der Himmel und die Stadt. »Komm mal her«, flüstert Karim. Ich kuschele mich an seine Brust. Neben uns schläft Kiwi, oder zumindest tut sie so, und daneben drückt ein Katzenbaby abwechselnd die rechte und die linke Pfote in das Kissen. Ich höre, wie Karims Herz applaudiert. Mit meiner Zungenspitze verlängere ich in seiner Handfläche die Glückslinie. Er streichelt meinen Bart, unter dem ich nackt bin. Wir schenken uns Leben. Wir schenken uns Zeit. Wir schenken uns Heilung.

Eine Rakete steigt in den Himmel, zischt und platzt dann. Kiwi und Kilou flüchten unter das Bett. Karim und ich, auf dem Bauch, schauen nach ihnen. Die beiden Katzen sitzen nebeneinander in Deckung, die Ohren nach hinten gedreht. Ob die zwei roten Menschenköpfe, die da vom Bett runterhängen, sie einigermaßen beruhigen?

Schnell aufeinanderfolgende Knalle, der große Bär wird zerstreut. Hoffentlich geht es den beiden unter dem Bett gut.

Kurz vor Mitternacht kommen Kris, Niko, Timo, Lissy, Christelle, Sven und seine neue Freundin vorbei. Sven hat ein Gieß-Set mitgebracht, mit Wachs statt Blei. Karim gießt ein Seepferd, Kris einen BH, Niko eine Axt.

»Du wirst halb lesbisch sein!« Kris grinst.

Während ich Sektgläser hole, kommt Christelle in die Küche und umarmt mich: »Ich habe es verarbeitet …«

Der Himmel glitzert und blinkt, gelb, blau und grün, purpur. Rappelndes Finale mit Knattereffekt. Vielleicht kann man ja überleben, wenn man in einem abstürzenden Fahrstuhl genau in dem Augenblick in die Luft springt, in dem die Kabine auf den Boden knallt? Wir stoßen auf dem Balkon an. Unser Atem steigt auf und verleiht dem Himmel Anmut.

DANK

An Tom, Yasser, Stéphanie, David, Msoke, Lana, Sharon, Maria: MERCI – wie früher als Kind mit einem Herzchen anstelle des I-Tüpfelchens. Dafür, dass ihr da seid, wo Sprache beginnt. Tom, Chantal und Corinne, ganz pragmatisch: Ohne euch gäbe es dieses Buch nicht!

An Charlotte von Lenthe, Karsten Kredel (beide Hanser Berlin) und Florian Glässing (Agentur Landwehr & Cie): Für die Vision. Dafür, dass ihr es zu verstehen wisst und zu verbinden. Thank you for beautifully killing my darlings mit Schalldämpfer.

Danke an Estelle, Charlotte, Bassano, Leon, Régyz, Julia, Isabel, Guilaine; Cécile, Birte, Kay, Ed, Emy, Tanja, Julz, Ruham, Salma, Yousef, Diana, Joey, Ria, Bo, Justine, Vera, Stefan, Ane, Maja, Martin, Shaman, René_, Gauner, Anna, Skyler, Sami Leo, Alex, Lann, Ben, Océan, Mahmoud und an alle, denen ich dankbar sein kann und bin.

An meine Familie – und wenn es einmal ganz still wäre – dafür, dass ihr mir beigebracht habt: Lebe laut.

An alle, denen ich nicht danken kann: Für eure Erscheinung in allem Erzählten.

Danke an alle, die bereit sind, sich über die Frage Gedanken zu machen: Reist du lieber mit dem Zug oder nach Barcelona? Antwort: Egal. Hauptsache Italien!